文化的原乡

梁凤莲 著

中共广州市荔湾区委宣传部
广州市荔湾区文学艺术界联合会
策划

广州新华出版发行集团
广州出版社

图书在版编目（CIP）数据

文化的原乡 / 梁凤莲著. — 广州 : 广州出版社，2020.7（2021.4重印）
ISBN 978-7-5462-2934-8

Ⅰ.①文… Ⅱ.①梁… Ⅲ.①文化史－荔湾区－文集 Ⅳ.①K296.54-53

中国版本图书馆CIP数据核字(2020)第116923号

书　　名　文化的原乡
出版发行　广州出版社
（地址：广州市天河区天润路87号9楼、10楼　邮政编码：510635
网址：www.gzcbs.com.cn）
责任编辑　叶桂莲
责任校对　杜筱娜
装帧设计　萨福文化
印刷单位　佛山市浩文彩色印刷有限公司
（地址：佛山市南海区狮山科技工业园A区兴旺路6号
邮政编码：528225　电话：0757-88368581）
规　　格　787毫米×1092毫米　16开
字　　数　187千
印　　张　18.5
版　　次　2020年7月第1版
印　　次　2021年4月第2次
书　　号　ISBN 978-7-5462-2934-8
定　　价　58.00元

编委会名单

请赐我们以双翼，让我们满怀赤诚，返回故乡。

——荷尔德林

序言

李黎

荔湾地处广州市西部，拥有2200多年的历史文化积淀和丰富的岭南文化资源，既是东西方文化交融的产物，也是岭南文化的典型代表，有着“岭南文化聚荔湾，西关风情最广州”的美誉。

历史上荔湾河汉纵横、水网交织，秦汉时期已有先民在此生息繁衍，随着海上丝绸之路的发展，荔湾成为中外经济文化交流的桥头堡。南北朝时期，达摩大师沿着海上丝绸之路东来，在今天荔湾下九路西来正街一带登陆，成为中国禅宗的始祖。隋唐时期，广州成为世界著名的港口，荔湾地区的经济文化也得到较快的发展。宋元时期广州成为中国最大的外贸港口，番舶带来的奇花异卉丰富了荔湾花卉的品种，从此千年花香历久不衰。明永乐元年（1403）在荔湾建立专门接待外国商使的驿馆“怀远驿”，清代雍正元年（1723）在荔湾成立了丝绸行业协会锦纶会馆，乾隆二十二年（1757）实行对欧美“一口通商”，在长达85年的时间里，十三行是当时中国唯一的通商口岸，荔湾逐渐成为清代中国海上丝绸之路的商贸中心，以“十三行”为代表的粤商群体创造了举世瞩目的一段历史。近现代，荔湾也是很多历史事件发生地。可以说荔湾是广州作为海上之丝绸之路发祥地、岭南文化中心地、中国近现代革命策源地，中国改革开放前沿地的缩影和窗口。

我因工作调动，到荔湾也有十年。之前对这里并不了解，但是来了后就深深地爱上这片土地。趟栊门里浓浓的烟火味儿，麻石街上深厚的生活气息，粤韵声中坚守的文化传承，岭南人拥有的务实包容……在这有2000多年历史文化浸染和积淀的西关都能看到、听到、感受到。“生活智慧彰显生存哲学，低调中有和声，这就是西关文化的胸襟与气象”。

梁凤莲博士生长于广州老城区，见证了这座城市的快速崛起与变迁。广州的沧海桑田、历史积淀和精气神韵，培育了这位本土学者作家。她笔下的岭南文化和广州开放包容、敢为人先的精神根深叶茂、摇曳生姿。既抒写广州的节令四季，记录广州的民俗风情、历史遗痕，同时也将岭南气韵和女作家有的知性优雅一起呈现给读者。

文化原乡的原，既是原来的原、原本的原，也是源头的源。荔湾作为广州城市文化本原的容器，市井机理和市貌品相都一直在传承着，抗衡着时空的变迁，也守候着文化的精髓。

梁凤莲博士提炼西关文化所具有的三层空间，地理空间、城市空间和文化空间，构成了西关作为广州城市文化原乡的身份识别，是广州的记忆和乡愁，是荔湾的支点与未来。

作者在书中对荔湾这一文化原乡的描述和论断，既有理性严谨的分析，又有感性深情的呼喊；书写的维度，既有从历史中走来，向未来奔去的时间厚度，又有中外文化理论与实践对比的空间广度，史料详尽，论理深入，语言生动。带着地域乡土的文化自觉与自信，在一个较长的时间脉络里，探讨以还原西关文化的真相、分量、价值与意义的形式，展示广州精神的来龙去脉以及质地格调，把握广州这座城市与西关这片区域的互生共生关系。相信这本书的出版会为广州的城市文化研究增添光彩。

文化传承，有“物”之外，尚需有“言”。把历史提炼出来，继而传承下去，珍贵且深远。

是为序。

2020年5月于广州

李黎

广州市荔湾区委常委、区委宣传部部长

广东省文化艺术界联合会理事

广东省文化学会顾问

广州十三行文化促进会名誉会长

中山大学特邀课程嘉宾

广州大学客座教授

目录

CONTENTS

荔枝湾里划龙舟

前言

荔湾文化是一种地方特色浓郁的城市文化，地方文化是人们对故乡文化高度忠诚，并以此为纽带，与周围的人群结成牢固的关系。

原乡是要去找到“地方感”的源头，在“地方感”的语言体系中，“地方”是一种主观与客观、特定空间与时间相融合的社会存在。

判断荔湾文化的价值，不能离开它与广州这座城市的关系。

返回故乡的双翼，一侧是热爱，一侧是认知，热爱提供动力，认知保持正确的方向，抵达故乡的终点必然是文化。

对于荔湾的文化价值，我们须逆时光之流而上，去寻找千百年来，它持续为岭南文化产生凝聚力和向心力的内在要素，这些要素，生机勃勃、欣欣向荣，穿越数百年时光而不衰，如同我们文化的母土和母体，温暖、滋养着城市的成长。

发展到今天的荔湾文化，已经久经风雨，成为粤港澳三地乃至整个大湾区共享的文化共同体。作为文化共同体，荔湾文化包括以下内容：以语言为纽带，传承的方式是教育，城市提供公共文化空间，市民与游客共享民俗节庆和文学艺术……

荔湾文化是一种地方特色浓郁的城市文化，地方文化是人们对故乡文化高度忠诚，并以此为纽带，与周围的人群结成牢固的关系。

回首荔湾文化数百年的发展轨迹，文化共同体主要发挥着两种作用：一是协调作用，文化产生的同时也建立一个情感和理念上的符号体系，在社会层面上构建了共同的生活视野，协调着众多的社会因素统一步调，文化的参与者能在这个视野里相遇并进行交流。二是衍传作用，血缘、学缘、业缘等社会传递文化的网络，并不仅仅维护文化的现存，而且在每个个体之间、每一代人之间，通过言传身教在更大规模的集体中保持文化的相互认同，直至形成连续的文化记忆，一代代人、一群群人的共同记忆是城市文明、文化持续得以发展的保障。

荔湾是构建岭南文化共同体的一个组成部分，文化共同体的神奇不仅仅在于当你远走他乡哪怕荒僻的角落听到乡音时的潸然泪下，也不仅仅在于荔湾像一个可以遗传的标志为一代代荔湾人标示着我们从哪里来。它的神奇在于融化时间、空间的所有障碍与阻隔，天地之大、世界之广、宗族之多，均无法阻挡同一文化缘脉的人对荔湾故乡的认同。

古往今来，文化的不可分割，在时间长河里沉淀为一种相同，这便是文化共同体。我们祖祖辈辈熟悉的这个共同体富足、多彩、美丽、丰饶，既是旧时宫苑地，也是繁华生意场；既有渔樵耕读的田园风光，也有丰衣足食的欢乐时光，从千年羊城内满溢出来的排场，加上广州人天性中的勤劳肯干，与珠江口顺流逆流都通畅的交通，混合在十里花田的基调上，这就是西关的风味，这就是荔湾故乡的荣光。

高度社会化的今天，记忆不再是个体的特权，我们的记忆中总有家庭、学校、社会传递给我们的认知，故乡“润物细无声”地逐渐构建了我们共同拥有的集体记忆。

城市不能没有历史，没有历史的城市是苍白的、单薄的、脆弱的，法国的历史学家、社会学家莫里斯·哈布瓦赫（Maurice Halbwachs）强调社会对记忆的构建，集体根据各个阶段不同的社会框架完成对过去的重构，以重新阐释过去的方式达到文化认同的目的。有人用社会记忆，有人用文化记忆来描述哈布瓦赫言说的集体记忆，无论哪种概念，都在强调记忆的社会属性，记忆不是个人独有的私有财产，它是用来分享、传播的。

没有历史，就没有沉淀集体记忆的厚度；拥有传统，就拥有一份对于城市的自信。

独特不是一天两天标新立异的结果，回溯历史长河，在岭南文化的源头，我们就能发现，千年之前，城市已经在孕育着今天的气质，时间淘洗掉岁月的痕迹，擦亮了最为珍贵的遗产，一代代传递至今。

曾经的误解让广州陷入“文化沙漠”的迷茫，在两汉、唐宋、明清诸多朝代，广州并不是政治、经济、文化的中心，北京、西安、洛阳、开封、杭州、南京甚至扬州在古代文化的典籍中被反复记载、反复呈现之时，广州还没有达到引人瞩目的地位。

集体记忆的强弱与城市的发展阶段同步，对于西关的认知，一个高峰在近代，“十三行”固然是封建帝国闭关锁国的产物，它为广州带来的却是实实在在的繁荣。漫长的闭关锁国，封建王朝的统治者并没有真正的意愿打开对外交往、对外贸易的大门，所谓“一口通商”体现的并不是清朝帝王对于广州的重视。一个高峰在当代，广州成为改革开放的前沿地。也只有在当今，21世纪海上丝路成为重要的纽带，广州古代海上丝路发祥地的地位才得以从历史的尘埃中突显出来。

对于文化的错判源自对于历史的误解，我们庆幸“文化沙漠”没有最终成为我们这一代人对于广州的集体记忆。当广州超越时间筑造的窠臼，成为领跑者，成为国家中心城市时，之前的不被关注、忽略就此烟消云散。广州从来自成一格，广州也从来不会言说不清，广州没有帝王的宫殿陵墓，广州没有朝代更替时的血雨腥风，广州没有殖民统治留下的深深印记，广州的温和宜居、广州的市民化、广州的兼容性、广州的热闹红火，经过这些年的沉淀、传播，必然在城市文化史上留下一个新的里程碑。

而这个里程碑，是广州历史上的众多文化里程碑的延续，在过往字迹斑驳的石碑上，刻着我们祖先的文化观。

古代人类面对造化的神奇，必然要问的第一个问题是：上天在创造如此大美风景时究竟想要表达什么？是无所不能的权力、令人臣服的崇拜还是人与自然的和谐？对于自然的理解从人们对于自然的询问开始，自然而然也就有了各自的自然观。

文化观也是一样，岁月长河中，祖先已经远去，无法回答我们今天的询问，面对丰厚的文化遗产，我们要问的第一个问题也是：祖先在创造文化时究竟想要表达什么？

祖先的文化观演变到了今天，我们可以用“地方感”这样一个概念来界定城市文化的独特性。

“地方感”是文化共同体的核心竞争力所在，它既包括了“地方”的硬条件，也强调人们对于地方的软体验——“感”。人对环境的感知、态度和价值观，是“地方感”层次不同的三个组成部分：感知是对城市在感觉、知觉上的反应；态度包含情感，是人面对世界的感情表达方式，稳定性比感知更强；而价值观则是理性，是对于经验的抽象，是态度的系统总结。每一个人在与荔湾相遇时，都有着个人的感知，然后是态度，长久下来，便是价值观的判断。

原乡是要去找到“地方感”的源头，在“地方感”的语言体系中，“地方”是一种主观与客观、特定空间与时间相融合的社会存在。

荔湾的“地方”不是静止的，而是动态的。

亚运会期间，荔枝湾美景的重现改变了人们对荔湾的感知和态度。荔湾也不是封闭的，在地图上，我们固然可以清晰地画出它与越秀区、佛山市的边界，但是这些行政区划的分隔边界在文化范畴中并没有实质的意义。在那些热爱故乡的人看来，荔湾不只是客观的存在，也是主观独特的感受，尊重市民与城市之间在情感上的联系是非常重要的。

荔湾与其他老城区一样，它所拥有的“地方感”与历史和实践都无法分开，正是千百年的人类实践，形成了荔湾的历史、文化、语言，促成了地方形成自己的文化意义。

如果正叙城市的历史，所有人文痕迹以及一切辉煌的源头，均是空白，在没有人类存在和活动以前，我们脚下今天如此活色生香、霓虹璀璨的土地，无一例外生机勃勃生长着野草。人类对于城市改造的实践活动，从农业开始，在土地上开垦农田、兴修水利，获取土地奉献的生活资源，这是最早的乡愁的源起；然后是手工业，再是交换出现，商业兴起，城市的雏形便开始朦胧显现；最近的100年，大工业兴起，城市可以容纳成百万上千万的人口。

荔湾的起步也是如此，城市的文化景观是经年累月一层层累积而成的，包括每一处街道、每一条河涌、每一栋房屋、每一片砖瓦、每一块铺街的麻石，这里面有所有祖先的功劳。一层层揭去时间的沉淀，想象我们在文化的长廊之中穿越，总能找到今天的源头，找到我们内心最依赖、最依恋城市的那个部分。

西关的乡愁是城市文脉的源头，我们的祖先，他们的文化实践自觉或者不自觉地沿着城市的文化走向前进，对于荔湾进而广州而言，这两个走向一是花城二是商都。正是荔湾，为古老广州花城、商都的名号增光添彩，花城、商都如同两棵参天大树，结出了一串串丰硕的果实。

判断荔湾文化的价值，不能离开它与广州这座城市的关系。

按照美国社会哲学家刘易斯·芒福德（Lewis Mumford）的说法，城市是文化的容器。荔湾这个特殊的“容器”千百年来水秀花香、富裕美丽，荔湾文化在这个没有城墙包裹的“容器”中经历了孕育、成长、成熟等阶段，两汉到南北朝是孕育，唐宋元三朝是成长，明清则是成熟。

温暖的气候、怡人的风景、丰饶的物产、独特的语言、勤劳的人民、开放的环境，种种要素综合作用，荔湾形成了以市民为主体、商业为动力自主完成的城市化，随着城市的街道、桥梁、民居、学校、医院、剧场、餐厅等要素梦幻般覆盖上农田，再也无从辨认乡土的任何痕迹时，西关文化也在这数百年巨变中，如同酿酒一样，把自己演变得香飘四季、蜚声海内外。

漂亮的“容器”中，不只有令人艳羡的生活环境、富足享受的生活方式，更值得称道的是，荔湾人在家园建设、文化创新时展示出的城市精神：他们爱祖国、爱家乡、重乡土的情怀；他们以民为本、平等和谐的社会观念，他们无畏挑战、敢于创新的道德内核，他们包容差异、淡定从容的开阔胸襟。这些精神催熟着广州的城市文化，思想、教育、文学、艺术就像一颗颗文化的果实，挂在枝头，鲜艳欲滴。

广州的文化特点在于平民性，祖先的文化观便是如此。

创造广州文化也就是广州的文化主体是市民，这从建城之日起便奠定了基础，到了明清时期，西关崛起，这种市民文化得到进一步的强化，特色更加鲜明，粤剧、早茶、骑楼、西关大屋、花市等与市民生活息息相关的文化形态变得更加丰富。

追溯荔湾的文化源头，必然与这片土地的城市化进程相遇。

从文化地理的角度看，荔湾是广州文化“满溢”的结果，用一个形象的比喻来解释，当城市的财富足以推动城区向外拓展时，文化像是一幅漫漶出去的水墨画，跟随财富走出城墙，以西门外为起点，一点点印染出去，直到江边。

根据《庚戌南海续志》记载："光绪中叶，绅商相率购地建屋，数十年来，甲地云连，鱼鳞栉比，菱塘莲渚，悉作民居，直与泮塘等处壤地相接，仅隔一水，生齿日增，可谓盛矣。"清朝末年，城内的达官贵人相继走出城门，纷纷在城外的"菱塘莲渚"之上建起了自己新的家园。

这就是广州的特色，如果没有"相率"也就是"纷纷"购地建屋，西关不会是今天这个样子，它最多只是个别文人逃离现实、寻求所谓"终南捷径"时的遁世避难所，而不是在城墙外创造了又一个繁华的花城、商都。

偶尔，我们用西关来称呼老荔湾的时候，也标明了荔湾的价值，荔湾的价值在于城市文化生态的原真，我们无法在摩天大楼、都市广场、高架桥上靠想象追忆祖先居停的城市，我们必然要回到那些未曾消逝的寻常巷陌，触摸麻石街道、青砖墙角、坤甸趟栊，才能够安放我们怀想的情愫，这个地方位于城市的西部，它就是荔湾。

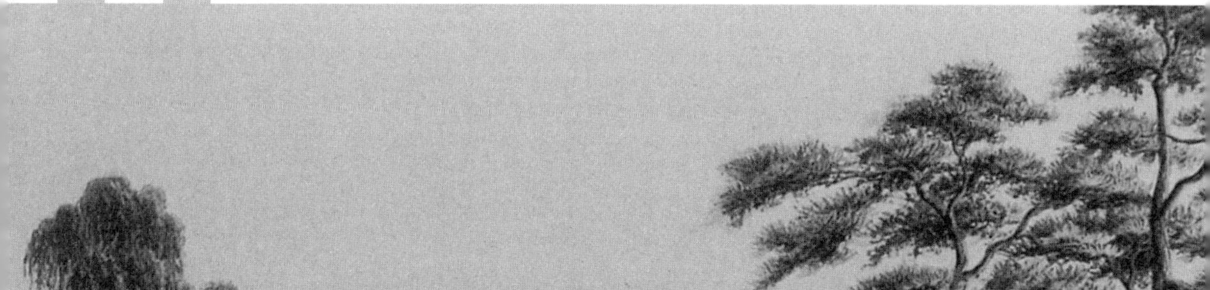

清华池馆

故乡：个人的文化中心地

故乡在我们小时候就定义了文化认同最核心的范畴，这里面有亲缘的联系，有语言的维系，还有共同的生活目标——有人一辈子固守家园，有人立志要走出故乡。若干年后，当我们的子子孙孙深情地说出“家在荔湾”，这就表示他们知道自己从哪里来，终究要回到哪里去。

故乡的意义在于找到归属、找到认同，原乡的意义在于找到故乡的意义。

故乡是个人的文化中心地，我们由故乡定义，故乡由往昔定义。

如果将故乡视为一种文化形态，从大的结构来说，它必然包括物质、制度、精神三个层面。虽然故乡是每个人在心中构建的一方乐土，1000万个广州人就有1000万种对荔湾的认识和怀念，但是，个人终究无法凭空构建故乡，故乡是一系列外在要素的内化。

首先，这些要素包括了“家庭”——文化传承最有力的组织，我们的祖辈、父母、兄弟、姐妹是我们人生中认识故乡的第一批导师；其次是“世代”，“世代”不仅是时间的累积，更有家族沉甸甸的历史，它关乎荣耀、认同、热爱；第三是“地方”，或乡村或城镇或都市，“地方感”的地理空间外延总是有它的形式，或者小桥流水，或者荷塘绿荫，或者街道巷陌。

故乡在我们小时候就定义了文化认同最核心的范畴，这里面有亲缘的联系，有语言的维系，还有共同的生活目标——有人一辈子固守家园，有人立志要走出故乡。若干年后，当我们的子子孙孙深情地说出“家在荔湾”，这就表示他们知道自己从哪里来，终究要回到哪里去。

故乡的意义在于找到归属、找到认同，原乡的意义在于找到故乡的意义。

我们属于哪里？文化上的叶落归根必须找到出发点，出发点是祖先出发的地方或是祖先成长的地方，所有的故乡也都是从异乡演变而来，有人说故乡是祖先流浪的最后一站。原先离乡背井所酝酿的苦涩，渐渐被注入了体验喜悦所带来的明朗，广州就是这样一个神奇的地方，它为众多的漂泊系上安居的缆绳。

不是离家远洋才是游子，没有了对荔湾千年历史、老旧肌理、醇醇韵味的依赖，1000万广州人将失去心目中的故乡，那才是真正文化意义上的游子。18世纪德国哲学家赫尔德（Johann G. Herder）在其著作《人类历史哲学的思考》中提出了Volk的概念，赫尔德将Volk界定为一个独特的文化组合，其特征由两类因素交互影响而形成：一是特定的自然地理环境，二是民族在历史进程中不懈的创造。两者相互渗透，形成特定的语言、文学、宇宙观、神话等，Volk就是我们通常所说的“精神家园”，传统的乡愁就是建立在这样一种家园观念上的，是对特定地缘中的城市文化的纯粹性思恋。

走在羊城的大街小巷，一个人回答“家在荔湾”指的是生理性的基本需求，生活空间在荔湾区；当一个海外游子回答“家在荔湾”时，他言及的是心理层面的满足。人们在寻找情感依附的对象时，会找到最牢固、坚不可摧的地方来培育一种根植的感觉，比起荔湾，纽约、伦敦、多伦多尽管有唐人街，有遍地的广式美食，有悦耳纯正的广府乡音，但那些繁华都市都是异乡，故乡才是我们为之奋斗的世界中心，正因为有了“故乡”，自己才有了无可替代、无可比拟的价值。

乡愁是我们与故乡在情感上的联系，原乡是我们在迷失时，重新找回这样的情感联系。

“雕栏玉砌应犹在”，乡愁作为一种情感体验，需要凭借具体的事物来寄托。

老作家岑桑是久居广州的顺德人，他对于老广州的怀念不可或缺的是西关的旧影。“然而昔时岁月毕竟已经遥远，许多记忆中的事物都已消隐无踪，或者只余难以辨认的残影了。如今广州高厦如林，车水马龙，当日的种种独特风情已一一在喧嚣中淡出：城西荔枝湾上的欸乃桨声早已不复听闻了；江心的花尾渡、岸边的紫洞艇，都已荡然无存了。‘绕城骀荡柳毵毵，映水女儿红汗衫。向晚棹花春浪软，香云先渡白鹅潭。’清代诗人黎简笔下的江岸杨柳、疍家姑娘，也已芳踪不再了……。记得儿时常由兄长挈带，徜徉于‘双门底’，漫步于‘四牌楼’，畅沐于这个历史文化名城未泯的古风之中，其乐何如！而这一切，今天只能往记忆的深邃处追寻了。”

中山大学教授黄天骥是土生土长的西关人，他的回忆见证了时代的变迁。“小时候，我的家在荔湾区宝源中街，外公家在逢源正街。这一带，是最能体现‘西关’特色的地段之一。整洁的石板路，荫凉的大屋，雕花的脚门，坚实的柚木趟栊；屋里留声机传出徐柳仙、月儿的粤曲声，挑担小贩叫卖‘绿豆沙’‘芝麻糊’悠扬的喊声，煮‘云吞面’老头有节奏地敲击竹板声。这一切，在我的脑海中依然留着深深的印象，荔枝湾头，观音桥畔，上下九，北帝庙也不知留下了当年多少幼稚的脚印。……广州作为我国南方的名城，早在两千年前便有了基础，明清以来，随着商业的发展以及与域外经济、文化交流的频繁，广州更成了区域性的大都市。当时的西关，是广州商业和文化中心，这里聚居着文化名流；这里的街道、商铺、屋宇，代表了南方城市的特色；这里人民的生活习惯、言语、风尚，集中地体现出广州风貌。因此，可以说，近代的西关，实际上是广州文化的缩影。”

广州之所以成为广州，荔湾之所以成为荔湾，源自人们内心为“广州”“荔湾”构建的地方感。集体记忆是构建地方感的重要元素，对于荔湾的集体记忆是共建共享的，它不仅仅为生活在荔湾或者是祖居荔湾的市民所独有，也为所有愿意认同广州文化的新老广州人所共有，任何一个认识、认同荔湾文化的游客或者市民，都可以建构属于自己的荔湾文化，并将自己的构建融于对于荔湾文化的理解之中。

在《论集体记忆》中，法国社会学家莫里斯·哈布瓦赫（Maurice Halbwachs）首先回答了一个问题：社会为何需要记忆？他的答案是：社会之所以需要记忆，因为记忆赋予社会的“过去”一种历史的魅力，把最美好、神圣的事物贮存在与现今相对的另一个维度里。这样的回答与城市是文化的容器何其相似。

梦回故乡，一苇以航。

去往彼岸的“航船”必然是我们熟悉的、对我们来说富

过往是“省佛通衢”的五眼桥

有意义的东西，我们在心中依靠着它们的推动，进入那个辽远的往昔中。对于黄天骥来说，没有了宝源中街的麻石板路，没有了荔枝湾、观音桥和街上的云吞面，故乡就不能称之为故乡；对于岑桑来说，荔枝湾、花尾渡、白鹅潭是思念中广州的象征，以有限寄托无限、以具体显影无形，不仅仅是作家们在书写乡愁时，设置的情感负载或投射场景，普通市民在怀乡时，同样也是将街道、美食、风俗等事物或场景构成一个心中的“故乡”。

是时间和空间召唤着我们，引导着我们去探寻我们心中永远未曾忘怀的那个故乡——荔湾。原乡的契机是分离，身在异乡、心在故乡的分离，此刻怀想与岁月永逝的分离，也正是分离让我们更清晰地看到了联系，千年走来，哪些情绪从来不曾被芸芸众生舍弃，哪些品质一直得到世间的褒奖，哪些财富一直被城市珍藏。

时间和空间都可以过滤我们“原

乡”中那个怀想的对象——故乡，当游子客居海外，故乡越来越遥远，家乡变成一种精神依恋；在时间的长河里，我们逐步过滤了最原始的故乡风貌，100年前的荔湾我们无法穿越回去，也没有必要穿越回去，时间的远离并不妨碍我们在灵魂上接近故土给我们留下的最初的感动。

原乡不仅仅是怀乡，怀乡停留在与故乡的情感交流，而原乡则比怀乡更加深入地进入了理性思索的境地，带着思考，带着疑惑，带着比较，带着判断，我们去溯文化之长河，对于怀乡，最擅长的表达是情感；对于原乡，最擅长的表达是精神。

全球各地的城市数以万计，城市的个性也千姿百态，有的城市豪华，有的城市朴实，有的城市固执，有的城市兼容。广州不会因宽容而失去个性，不会因平民化而肤浅，不会因热情而少了轩昂，广州的自信在于有着两千多年足够的时间去容纳厚重的内涵。

以荔湾为例，城市最好的文化建设者是时间，在漫长的岁月里，城市思考着追求，总结着精神，放弃什么又保留了什么，都在时间的长度里从容策划和投入。

所以，无论是对于游客、游子还是市民，城市怎么可能是自然山水这么简单，城市的物理属性是街道、桥梁、商店、广场，城市的精神属性是它的气质、个性、精神场，长久生活在荔湾，自然耳濡目染荔湾的气度、举止、做派，日久天长想要摆脱也摆脱不了，城市的个性溶入了我们的血液中。

文明的延续是生命化的。生命化的延续不是冷冰冰的，而是温暖和热血的，铺街的麻石没有办法传递一代人的生命价值给下一代，只有人才能与下一代的生命建立起呼应关系。如果一种地方文化在精神上只能面对后代全然冷漠的目光。那么它也就真正中断，成为不折不扣的“废墟”。

所幸荔湾从历史深处走来，一路摇曳生姿、风情万种，从来不曾荒废过。

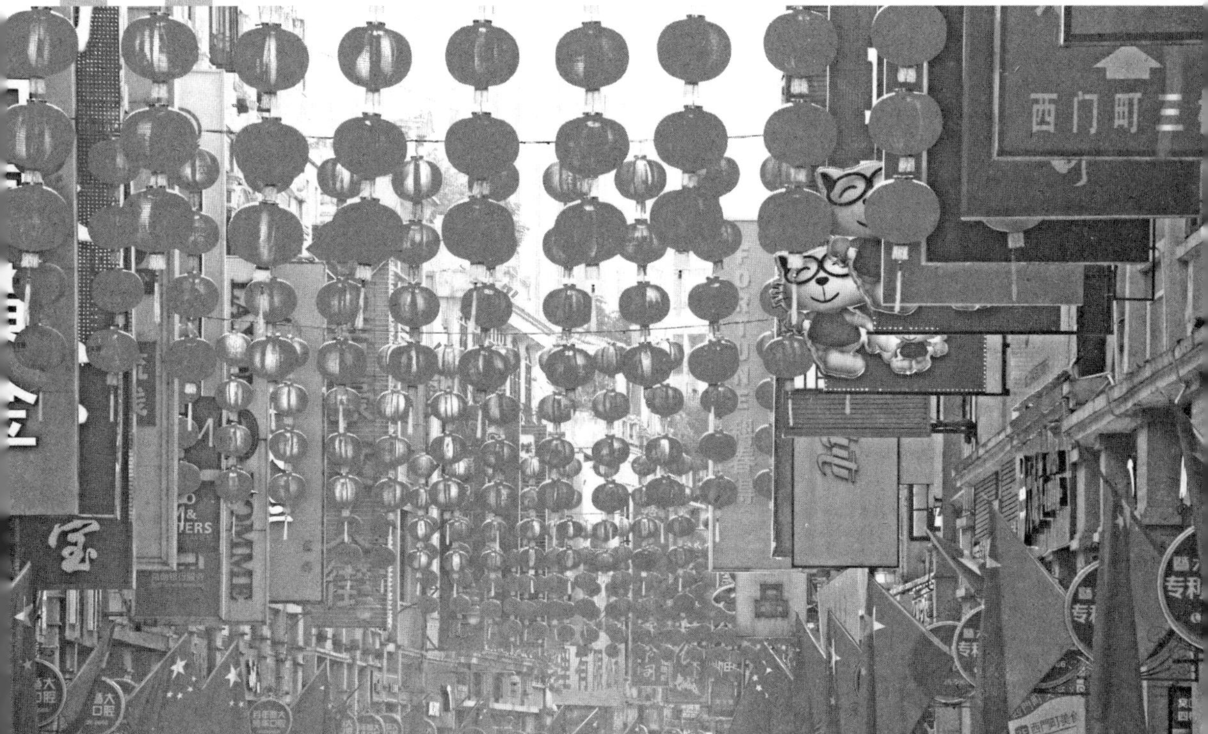

上下九街景

大湾区本是一家

寻找近代珠三角一些商业巨子的足迹，会发现有不少家族来自农村，广州是他们家族迁移路线图中的一个中转站。他们从农村走出，在广州立足，向香港发展，漂洋过海去美洲、东南亚，开枝散叶于世界各地。

从乡野的千顷良田到城市的繁华盛地，谁成就了荔湾？

荔湾曾经是一个舞台，引无数英雄竞风流，那么，荔湾又成就了谁？

自古以来，广州就与香港、澳门、佛山、中山、东莞、肇庆等周边城市有着天然的文化联系，风俗节日一起庆祝，文化产品一起共享，基础设施一起建设，粤港澳大湾区的11个城市是岭南文化共同体的核心。

正如美国著名历史学家、汉学家彭慕兰（Kenneth Pomeranz）所言：贸易改变世界。商业和贸易是粤港澳大湾区文化共同体的基础。

“在欧洲人到来之前，在南中国海，已经出现了一个由民间自由贸易为主体的南海世界共同体，这一海洋贸易网络，以白银为媒介，将东亚与欧洲通过海路连接在一起。由此在中国的南方，出现了一个海洋中国。广东、福建和南洋……围绕着南中国海，构成了一个可以自由来往、出入和交易的生活世界，华人的地方宗族关系网络，也从广东、福建，延伸到东南亚，形成了一个跨国家的文化共同体。”华东师范大学教授许纪霖将粤港澳大湾区文化共同的现象解释得非常清楚。

寻找近代珠三角一些商业巨子的足迹，会发现有不少家族来自农村，广州是他们家族迁移路线图中的一个中转站。他们从农村走出，在广州立足，向香港发展，漂洋过海去美洲、东南亚，开枝散叶于世界各地。

清代，十三行之一广利行的卢观恒在新会乡下时家境非常窘迫，为了生计，他跑到广州谋生，为一些商人看管歇业的店铺。西方工业革命后，18世纪80年代至90年代，常有外国商人用船运输商品到广州销售，但这些外商受到了广州行商的垄断压价暂时无法出货，而这些外商又不愿意压价出售货品。于是，他们租了卢观恒看管的歇业商铺暂存货物，并与卢签了合同，委托卢代为销售。卢观恒获得了这个贸易机会，加上经营有方，往往能将外商暂存的货物出售清光，从中获取利润和佣金，所以得到了外商的信任，不断地运来洋货，委托卢出售。这么一来，卢观恒变成了商人，并且积累起一定的资本，进入十三行。

冯柏燎的父亲冯杰时，是清末广东鹤山的一个农民，依靠替当地富有地主收租和管理产业的“工作”，冯家过上了比一般乡民更为富裕的生活。冯杰时有六个子女，当看到19世纪末英语在香港社会中的“商业价值”后，他把冯柏燎送到香港非常重视英语教学的皇仁书院读书。1906年，冯柏燎学成归粤，他在广州创建了第一家直接从事外贸的华资公司——利丰公司。冯柏燎的利丰公司位于今天荔湾区六二三路的188号，早期的业务主要是出口瓷器，后来逐渐扩展到竹器、藤器、烟花、爆竹以及玉石和象牙工艺品。

广州是当年财富的孵化器，十三行富商的传奇吸引了怀揣“广州梦”的四乡人来到广州寻梦致富，也确实有不少人在西关找到了商机，成为了成功商人。

荔湾位于广州的西部，与佛山相邻，自然而然与佛山有着紧密的联系。广州现存最古老的石拱桥——荔湾区石围塘秀水涌上的五眼桥就是南海县人、明代户部尚书李待问捐资筹建的，原名“通福桥”，因其有五个桥孔，俗称“五眼桥”，荔湾人民为了纪念李待问，亦称其为李公桥。

五眼桥原是明清时期广佛大道第一桥，清康熙三十年（1691）《南海县志》刻本卷二建置志桥梁一目载：“李公桥在厚水村，邑人户部尚书李待问建。”李待问算是今天的佛山人，自幼家境贫寒，不过从来未曾磨灭青云之志，终于高中万历甲辰进士，一路高升直至尚书。李待问为人忠孝、廉恪、敏毅、乐捐，他在家乡佛山捐资最多，与兄弟捐建祖庙门楼、照壁，修建通济桥，捐修佛山文昌书院；在省城广州，李待问也慷慨解囊，万历、天启年间，他捐资修建了今天海珠区的赤岗塔，崇祯七年（1634）他捐资重修佛山往省城的大路。

李待问并没有用官方的力量来实现他自己加强广佛联系的主张，而是自掏腰包、亲力亲为，以一个民间善长仁翁的身份踏踏实实为两地做了很多实事。民间的联系是广佛之间文化交流的生命线，自古便是如此。每年农历正月二十六日，是观音开库日，珠三角各地人们可以前往广州、佛山、东莞的观音庙“借富”，南海西樵山、东莞观音山都是人们经常前往借库的地方。同样，在这一天，荔湾坑口有生菜会，广佛两地甚至更远的人们都来参与；南海官窑白衣观音庙也有“生菜会”，从省城来的妇女聚集在庙旁买生菜回家，为的是求子添丁。

在粤港澳大湾区的11个城市中，广佛因为城市历史悠久的原因，联系得更为久远一些。这种久远联系的纽带可以是民俗的。例如每年的端午，广佛之间多条龙舟有着“走亲戚”的习惯，佛山南海盐步村580多岁的“盐步老龙”是广州荔湾泮塘村“仁威五约”的“契爷”（干爹），“盐步老龙”和泮塘“契仔”足足书写了400多年的广佛情谊。每年五月初五，“盐步老龙”都要来泮塘村探“契仔”，五月初六，“契仔”再前往佛山盐步村回访“契爷”。

这种联系也可以是商业的，谁成就了荔湾？这中间有佛山、中山、江门等兄弟城市的能人巧匠，而荔湾成就了谁，自然也包括了这些来省城打拼的四乡人。我们回头去看看19世纪末、20世纪初活跃在长堤、西关的饮食业大亨，很多并非广州城里人，佛山人是广州20世纪初饮食行业的佼佼者。

被誉为“茶楼王”的谭新义是佛山七堡乡人，七堡乡是今天的石湾镇。当年，佛山经济发展，本地市场规模有限，一班商人纷纷来到省城寻找商机，携带大量资金投资茶楼业，带动广州饮食文化的繁荣，成就了广州美食精益求精、不断创新的传奇。

当年的佛山老板就是在西关择地新建或收购茶楼，谭新义在清光绪三十四年（1908）收购了“连香楼糕酥馆”，改名为“连香大茶楼”，这就是今天莲香楼的前身。莲香楼设立招股人9位，他们是谭新义、谭晴波、区汉波、陈萼生、陈逸琹、陈轸富、招锦棠、杨殿芬、颜以庄，除颜以庄外，其他8位股东都是七堡乡人。

谭新义对茶楼情有独钟，他的胆识和魄力在于系列化连锁经营，经他主办或者参与开设的茶楼多以如字命名，例如西如、东如、南如、五如、三如、太如，在荔湾区的有西如（第十甫路与文昌路交会处）和太如（位于光复南路），当时，谭新义带动“如”字系列风行羊城，另外在荔湾但不是谭氏产业的还有多如（在珠玑路与梯云路交会处）、九如（在十三行路同兴街口）、宝如（在人民南路、十三行路交界）等用“如”字命名的茶楼。

今天广州的“饮茶”已经是享誉世界的餐饮文化，无论是在澳大利亚还是北美，繁华都市中的人们，无不热爱“饮茶”，这中间是佛山老板借助广州地缘优势产生的放大效应，没有佛山人的经商头脑和雄厚财力，没有广州的发达交通与旺盛购买力，20世纪初的茶楼神话只能是天方夜谭。

素有“第一代酒楼王”美誉的陈福畴比谭新义要晚20年出道，陈福畴祖籍台山，他拥有广州的四大酒楼，城内的是南园、西园、大三元，位于荔湾的是文园，西关文昌巷的文昌庙拆平后，陈福畴将地块改造为园林式酒家，这就是文园。

荔湾处于广佛交界处，因此，荔湾与佛山的文化往来自然就非常频密，粤剧便是广佛两地共建共享的成果。关于粤剧的组织机构——琼花会馆，粤剧界有很多说法，佛山有一间琼花会馆是不争的事实，那么历史上是否建立过两个琼花会馆？广州也曾有过一间？

《广州城坊志》卷五记载“琼花直街”云：“琼花为梨园会馆，在太平门外，歌伎多舟居集此。”根据宣统《南海县志》卷三“地舆略”记载：琼花会馆所在的琼花直街属“十八甫警察西五段内街道”。清道光年间杨懋建在其著作《梦华琐簿》中写道：“广州佛山镇琼花会馆，为伶人报赛之所，香火极盛，省城亦其例耳”。去争论哪个琼花会馆是历史第一，意义并不重大，重要的是，广佛两地都庇护过红船子弟，培育过粤剧市场，两个琼花会馆都“香火极盛”才是最重要的。

天然的地缘联系使得粤港澳大湾区文化市场从来都是一体化经营，不过，当年的省城在文化创新上还是常常先走一步，新事物、新气象、新风尚都是在省城先出现，荔湾也是文化创新的风向标。

荔湾是粤剧的摇篮，更是粤剧创新的温床，志士班在1905年至1906年，已经在珠三角演出了。他们打着“改革陋习”的旗号，摇着颜色怪异的绿帆船，标榜与传统粤剧的红船不同，穿梭于粤港澳等地，大演《地府闹革命》《文天祥殉国》等新戏。“绿船班”叫好但不叫座，虽然被称之为“开粤省剧界革命之新声”，但是维持仅一年就被迫解散了。

龙舞老西关

1907年，黄鲁逸、卢梭魂、黄世仲、姜云侠、郑君可、靓雪秋等人又在澳门组织优天影戏班，优天影只唱了一年，就被官府查禁。志士们还是回到荔湾，以荔枝湾彭园为大本营，组织振天声剧团，继续到粤港澳各地演出。

粤港澳甚至两广之间的交通大动脉，在今天是高铁，在过往是水运。荔湾水路交通发达，往来港澳非常便利，水运在古代决定了经济的命脉，随着珠江北岸不断南移，珠江河面缩窄，以及船舶吨位的增大，广州历代通达周边城市港口码头的位置经历了如下变化：秦汉时用的是兰湖码头，晋至南朝时用的是坡山码头，唐宋时是光塔码头，元代时码头西移到彩虹桥。明朝时，蚬子步（怀远驿）也有码头，主要功能是服务外国客商，清代的十三行码头兼有货运作用，到了民国时期，珠江内外航道各个码头四通八达、异常繁忙，各种船只穿梭珠三角，珠江航道就是当年的运输大动脉。

珠三角人笃信以水为财，是迷信水的象征意义，在公路、铁路交通并不发达的古代，发财确实要靠水，没有水运，就没有财运。

财运亨通是积善的结果，广州的商人不是自私自利之徒。当年西关的九大善堂也不仅仅为了省城的慈善事业而努力，他们的足迹遍布珠三角甚至到了罗定、嘉应、雷州和广西。

1877年夏天，北江大水后，爱育善堂出资修筑清远石角围。

1885年夏天，粤东广州、肇庆二府大水泛滥，瘟疫流行，爱育善堂实施赈灾，香港的东华医院也汇款2000元给爱育善堂，代办赈济，付白米200余担交予代发，并雇小轮船两艘载饼干以救饥民。

1888年，广东大水，也是爱育善堂与香港东华医院联手共同赈灾。

1897年8月，嘉应州水灾，九大善堂之一的广仁堂汇银1000元；同年10月，雷州风灾、水灾，广仁、广济各汇银千两，并出长红劝捐助赈。

粤港两地民间善堂同心协力帮助灾民共渡难关的壮举是在1907年夏秋，广东大水，粮价飞涨，抢米事件经常发生，各堂拨款赈济，并与香港东华医院在爱育善堂设立“省港善堂商会行商平粜公所”，合办平粜。

两地善堂分工明确，由七十二行之一的银行忠信堂管理财政，米埠行、米糠行办理运输事务。购米之款由各大善堂及总商会先行垫款，共从安南购入米石5450余万斛。其中，爱育善堂2万元，述善善堂2000元，方便医院1000元，总商会1000元，惠行善院1000元，明善堂1000元，润身社善社200元，广济医院拨回壬寅癸卯年存平粜银3.8万两，另息银6800余两，崇正善堂拨回壬寅癸卯年存平粜银2.3万余两，另息银4200余两。另由官府助款6万两为开办经费，公所在“省中分设四厂”，先清查贫困户口，造册给票，然后按册粜米，省城4厂共粜米2760余万斛，极大地平抑了米价。

1908年夏天，东西北三江同时暴涨，也是粤港善堂合办救灾公所，设于广仁善堂内，大家一起努力，共同应对天灾，在100多年前，书写了粤港澳不分彼此、携手互助、精诚合作、情浓于血的动人篇章。

端午时节、龙舟竞渡

文脉：时间留下的印记

定位文脉，需要将荔湾放在一个更大的系统中，总的说来，荔湾属于南方文化，广州是山水城市，千年商都是我们的经济属性，平民色彩是我们的文化特点。

对于荔湾文脉的切实感受，我们亲身去体验时往往会遇到两个疑问：一是时间的，中华文化五千年辉煌，广州建城超过两千年，选择哪个时间段切入，又重点停留在哪个阶段？二是空间的，今天的荔湾，近60平方公里面积，从何处起步我们的文脉之旅？又去哪里追寻遗存旧迹？

走进荔湾，感觉走进时光隧道的深处，有的时候，回溯是用“揭去”的方式来看广州的文脉，城市在时间轴上留下了一页又一页的画卷，沉淀下如此丰厚的遗产。荔湾没有摩天大楼，没有歌剧院，没有体育馆，这些在20世纪甚至是21世纪才加入城市的新生事物，被一层层“揭去”之后，城市留下的只有古老和传统，这是时间深处的遗产，是广州文脉的源头，它从时光隧道之中浮现出来，静静地呈现出城市原本的样子，这才是荔湾拥有的、最有价值的东西。

文脉传承有两种形态：一是物质形态，例如建筑、街道、文物、古迹、书画、文献等可看可触的事物；二是非物质形态，包括仪式、民俗、节庆、理念等等。祖先的生活痕迹，他们的生意生存，都在今天的时光里一一潜藏，哪里是广州的古海岸？哪里曾是广州的城门？龙津路、宝华路、丛桂街……这些西关的老街老路，我们都曾经走过，那些消失了的城市旧址被收留在地名里。青石板路、大榕树、云吞面的叫卖声、老房子的山花、春节的花市、端午的粽子、中秋的月饼……这些老广州的符号还活生生地停留在我们的身边。

文脉也像山脉，在时间的推移中，时而高耸入云，时而如龙潜行，只要文化的根基在，多年或者多远之后，文脉依然会巍然肃立、蜿蜒而去。

定位文脉，需要将荔湾放在一个更大的系统中，总的说来，荔湾属于南方文化，广州是山水城市，千年商都是我们的经济属性，平民色彩是我们的文化特点。

山水是文脉最坚实的基础，也是最宏伟的表达方式。广州的生态文化要素主要有“山、城、田、海”，荔湾以“城”的风采著称，对于荔湾之美认可的一种方式，是将荔湾名胜列入“羊城八景”，使之永垂青史。

“羊城八景”的评定有着明确的数量限制，羊城美景处处，但是独尊八个，多一个也没有，入选“羊城八景”意味着地位被认可。根据清康熙《南海县志》、乾隆《广州府志》记载，宋代羊城八景为扶胥浴日、石门返照、海山晓霁、珠江秋月、菊湖云影、蒲间濂泉、光孝菩提、大通烟雨。“大通烟雨”在今天荔湾区范围之内。

到了元代，羊城八景变为扶胥浴日、石门返照、大通烟雨、蒲间濂泉、粤台秋月、景泰僧归、白云晚望、灵洲鳌负。与宋代相比，景点的录选变化颇大，大通烟雨继续名列其中，而且从末位上升到了“季军”。

与宋元相比，明代的羊城八景全部更新，因城垣的扩大，荔枝湾开始闪耀登场。据《羊城古钞》引《明志》及清宣统庚戌版《南海县续志》记载，明代“羊城八景”为粤秀松涛、穗石洞天、番山云气、药洲春晓、琪林苏井、珠江晴澜、象山樵歌、荔湾渔唱。

屈大均的《广东新语》这样描写当年的荔枝湾："前有龟峰，后枕花田；白鹅潭吞吐其南，白云山盘回其东，泉甘林茂。"明代时，荔枝湾一带引人入胜的还是自然田园风光，屈大均描述的意象都是山、水、田、泉、林，荔湾"十里红尘、八桥画舫"的"城市"风光属性还没有脱颖而出。

到了清代，羊城八景便没有了荔湾的踪影，粤秀连峰、琶洲砥柱、五仙霞洞、孤兀禺山、镇海层楼、浮丘丹井、两樵云瀑、东海渔珠，荔枝湾或者大通寺都失去了关注度。

新中国成立后，开始第一次评选"羊城八景"是在1963年，今天的荔湾区骄傲地有两个景点入选，一个是双桥烟雨，双桥指的是跨越大坦沙的珠江大桥，1960年建成通车，这是当年审美趣味工业化的结果；另一个是鹅潭夜月，与大通烟雨、荔湾渔唱一样，赞美荔湾秀美的自然山水风光。

就1963年的"羊城八景"而言，荔湾文化显示出传承性和阶段性混合的特点，两山（白云山、越秀山）一水（珠江）是羊城传统山水文化的名片，不可或缺，北山南水这一条文脉从宋元以降直到21世纪，地位显赫、不容忽视。而城市的发展则在传统文化的基础上增加了新的亮点、新的特色，创新是城市发展出现新阶段的产物。

时代进入21世纪，2002年，新世纪羊城八景出炉，分别是云山叠翠、珠水夜韵、越秀新晖、天河飘绢、古祠留芳、五环晨曦、黄花皓月、莲峰观海。新世纪羊城八景从2001年8月23日开始征集，62万市民参与推荐投票，候选景点有30个，其中荔湾区的景点有珠江、陈家祠、沙面、西关、芳村塞坝涌等，当时，广州市委、市政府领导对评选工作十分重视，2002年7月26日，黄华华、林树森、王德业、李卓彬等8位市领导亲自在广州火车东站“天河飘绢”前，宣布了“新世纪羊城八景”的诞生。“古祠留芳”在新世纪羊城八景中，作为传统文化担当，反映了当代社会对于传统历史的重视，陈家祠成为羊城八景实至名归。

2011年，《羊城晚报》发起评选后亚运时代的“羊城新八景”，此时，广州城市建设的步伐已经飞快，更多年轻的新景点得到市民的广泛认可，例如广州塔、科学城、南沙湿地等等，但是，云山依旧在，珠水不可缺，广州的文脉始终没有变。

2011年的“羊城新八景”分别为塔耀新城、珠水流光、云山叠翠、越秀风华、古祠流芳、荔湾胜境、科城锦绣、湿地唱晚。荔枝湾从明朝离开羊城八景排行榜之后，重新回到了市民的生活中，并且占据了重要的文化地位，成为广州的文化名片。

随着城市的国际化、现代化水平不断提高，广州传统的、固有的文化特点没有削弱反而越来越突出，文化底色越来越鲜明，荔湾成为人们怀旧的对象，荔枝湾的文化地位并非亚运会河涌整治奠定的，而是自古已有，亚运会前夕，荔湾区顶住压力，还荔枝湾的旧貌给新时代，是对传统文化的真正尊重与维护。

“羊城八景”的评选是广州文化自我认知意识的表现，文化繁荣到了该梳理、该总结的时候，才会出现归纳性的八景评选。宋代八景中，自然风光居多，唯有光孝菩提、大通烟雨属于宗教文化，荔湾的大通烟雨兼有自然与人文双重之美。元代，羊城八景中保有两个佛教文化的景点，大通烟雨与景泰僧归，明清的羊城八景就完全没有了佛教文化的影子。

阶段性和传承性，是荔湾千年文脉延续至今的两个主要特点。

没有传承，没有一以贯之的主线用以传承，也就没有文脉的灵魂。岭南特色、广州精神、西关风情是荔湾文脉传承的主线，传承的主要内容也就是地方文化的形态、气质和特色。从地域文化来看，东南西北中，每个不同的地域都有其独特的地域文化，北京、上海、西安、成都、广州是如此，荔湾、越秀、白云、海珠、番禺也同样如此。

与空间、地理对文化的塑造较为恒定不同，时间对于地方文化的雕琢则显出阶段性的差别。千年文脉一路风风雨雨奔波而来，不可能不遭到世事变革的打击、动摇，有些景点虽然从来不曾进入羊城八景，但是，它对于荔湾、对于广州的影响却是非常深远的。

十三行就是这样一个例子，1757年乾隆皇帝下令封闭闽、浙、江三海关，至1842年签订《南京条约》，这85年是一个特殊的阶段，处于城墙之外的西关被推送到中西贸易交往的风口浪尖，十三行带来的繁华夹杂着中外对立的剑拔弩张是这一阶段的特色。

再往后，1861年，英法强迫清政府签订《沙面租借条约》，不过是西关“一口通商”行情的延续，从十三行到沙面租界出现，西方文化从城市边缘楔入，到占据一个稳固的地位，中西文化在荔湾同时并存。

十三行已经灰飞烟灭，沙面也已今非昔比，但是，从1757年到1842年，西关的“西方化”在中华正统文化、岭南地方文化的传承之中有了阶段性的不同。

“十三行”故事的前传是城市积淀了自己闪亮的底色，麻石街、竹筒楼、西关大屋、茶楼、花市、商业街，明末清初这数百年搭建的西关空间格局一路延续下来，中间没有经过毁灭性的战火或者天灾将老西关夷为平地，因此，今天的荔湾幸运地继承了过往城市的肌理，这一阶段可以视为传统化的阶段。

民国初年，广州走上了城市现代化的道路，拆城墙、修马路、办工厂，以今天的传统城市中轴线为标志，中山纪念堂、市政府合署大楼等中国固有式建筑代表着广州对于自身文化定位的判断、昭示，此时的荔湾将传统老广州的平民化、宜居性推到了新的高度，食在西关、住在荔湾是快乐生活的象征，荔枝湾的城市田园风情、上下九和人民南路的新潮商业、西式的中小学教育，彻底把荔湾的平民化文化特色渲染得淋漓尽致。

到了今天，当代荔湾文化的阶段性特色之一是板块化，随着历史的承继，在文化空间上，一个历史阶段往往留下一种文化遗产，荔湾的中部是需要原真性保护的历史街区包括龙津路等等；珠江边是近代西方文化留下的沙面建筑群；荔湾的南部是水秀花香的芳村。

我们常说文化的传承就是将有价值的传统带去未来，什么是一个城市"有价值的传统"？在街道上流行至今并且直到永久的精神财富，从根本上来说，就是城市真正"有价值的传统"，正是这些"有价值的传统"使得广州时时刻刻处处与其他城市不同，它不仅仅是骑楼、早茶、河涌、夜市，而是每一个广州人的言谈举止和行为做派。

《城市的精神》作者贝淡宁（Daniel A.Bell）说，在巴黎，走进一家咖啡馆不需要马上付款，而是坐下来聊天，成为社区的一分子，不用急着离开。这与星巴克不同，星巴克的侍者不会与你闲聊，他与你交流的内容就是选择商品及费用，然后很快就说"下一位"。

维护价值观与传统，是文化传承最重要的内容，对于荔湾来说，生活的价值观是"最紧要开心"，去到熟悉的茶楼，也许位子都是固定的，一盅两件也是程式化了的，服务员与顾客之间非常熟络，大家都是社区的一个成员，日常生活培养了道德和审美的标准，这才是荔湾无形的“文脉”，是时间留给荔湾的无穷财富。

清代西关富人宅第之水景庭院

城外的桃花源

中国人念念不忘对桃花源的梦想，如何在尘世之中回归自然？最直接的办法是营造园林，将桃花源搬入家中。不过，即便如海山仙馆一样的园林也只是小桥流水，规模有限、结构简单，去哪里找到天地间自然的桃花源？它外道内儒，表面上标榜出世、无为、自然，实则入世、有为、秩序，是人与自然关系的投射，是寄放心灵的温柔故乡。

对于城内的文人雅士来说，西关就是这样的桃花源。

顾城说：中国人只创造了两个理想，一个是山中的桃花源，一个是墙里的大观园。中国人念念不忘对桃花源的梦想，如何在尘世之中回归自然？最直接的办法是营造园林，将桃花源搬入家中。不过，即便如海山仙馆一样的园林也只是小桥流水，规模有限、结构简单，去哪里找到天地间自然的桃花源？它外道内儒，表面上标榜出世、无为、自然，实则入世、有为、秩序，是人与自然关系的投射，是寄放心灵的温柔故乡。

对于城内的文人雅士来说，西关就是这样的桃花源。

说起西关这一地名的由来，我们不妨翻一翻明末清初广东大儒屈大均的名作《广东新语》，屈老夫子写道："逾龙津桥而西，烟水二十余里，人家多种菱、荷、茨菰、蕻、芹之属，其地总名西园矣。"方圆几十余里，以"园"名之，可见当年西门外的旖旎风光。不过，读书人把这里叫西园，老百姓就直接叫"西关"了。清朝南海人罗元焕在所著《粤台征雅录》里提及："羊城西郊外，其地统名西园，即俗称西关也。"

文人墨客追慕五柳遗风，在喧嚣的五羊城中渴望一片安乐的净土，于是走出城外，看到的是淼淼烟水、暧暧远村，就视"关"为"园"，在文化道统上可以说是情怀，在私人享乐安逸上可以说是情结。

追寻桃花源并非易事，一是要有骨子里最深刻的依恋，另外，也需要有相当的经济实力，最后，天地之间还要有一片“土地平旷”“屋舍俨然”“良田美池”“阡陌交通”的村庄，如此风光可以鸡犬相闻，可以往来种作并怡然自乐。

中国人的故乡情结多半与农业文明相关，中国人对于故乡的想象一定与土地有关，山川河流、稻田麦浪、碧波池塘、草木森林，我们的深刻是5000年来由土地和农业孕育而成的，在我们的骨子和血脉里，故乡就是一望无际的原野，是炊烟袅袅的村庄。

时光倒退数百年，出太平门向西，今天的荔湾旺地是旧日的羊城西郭，从广州城楼向西看，一片田园风光的西关是南汉芳华苑的故地，乃皇家享受水乡风情的园林，所以屈大均才会说“故名西园”。而要从佛山南海的田间地头向东看，这一带不过是珠三角桑田池塘的延续，土地沃美，适宜稼穑，屈大均说当年的西关还有浮田，此乃我们祖先向水面要粮食的结晶。“每池塘十区，种鱼三之，菱莲茨菇三之，其四为雍田，以篊为之，随水上下，是曰浮田。”

在清代，并没有今天的广州市，城墙内外，番禺、南海两县分治，很多今天荔湾区的街道、社区，旧时是南海县恩洲堡辖下的乡，例如泮塘、彩虹、南岸、西场、增埗、西村等等。南岸村今天依傍着南岸路，周边高层住宅林立，村外车水马龙，附近的装饰材料城生意红火，完全看不出乡村的痕迹。在20世纪50年代，南岸村却依旧是一个典型的岭南村庄，鱼塘养鱼、菜田种菜，村子周边种有荔枝、龙眼，生活富裕自足。1951年，南岸村尚有农家216户、882人。

“改革先锋”、澳门中华总商会永远会长马万祺就出生在南岸，南岸以马姓和蔡姓两族人为主，村里还有着两座年代久远的祠堂——马家祠与蔡家祠，马万祺的父亲马锡珍是经营碾米、鱼栏、菜栏的小商人，马万祺的母亲蔡氏也是南岸人。20世纪30年代，马万祺在西华路上的南海中学读书，从南岸到西华路，马万祺要在田埂上走相当长的一段路。

由此看来，荔湾集齐了桃花源该有的农耕、村庄、风光等全套设备，古人对于荔湾的依恋源于对于世外桃源般美好田园生活的向往，今日的中山八路、康王路一带很多街巷地名带“基”字，源胜街的位置处于当时带河基的南端，“基”是当时村民筑起的堤围，向外排出围内积水，基内便是良田。后来，店铺沿基建立，基上开街，至二十世纪二三十年代，这些基围开筑为现代马路，昔日基围原貌不复存在。

荔湾作为岭南桃花源反映了文人对水乡的依恋，带河基有荷溪涌流经，荷溪涌是上西关涌的南源水道，由泮塘东南经过宝华路等至汇馨街分为两支。北支通过高基，属围口涌，即围田内的排水河道。南支在明代已通至长寿寺，为上西关涌南源的主要河道。明末清初，源胜街所在的大部分地区是河道流经的洼地田野，至道光八年（1828），在今长寿路处，即原荷溪南支流经处出现了街道与民居建设，即现在的源胜西街。

今天的荔湾区，包括了2005年行政区划调整之前的芳村、荔湾两个区。以芳村为例，秦汉时期，还没有关于芳村的文字记载，那时候的芳村只是珠江岸边的几个沙洲，到了唐代，沙洲连成了河滩，芦苇开始生长起来。芳村地区有文字记载的历史是从南汉开始，《南汉书》卷十七列传第十一条是关于僧人达岸的记载："僧达岸，名志清。姓梁氏，新州人。一日渡河西，阻风，登南岸，爱其地僻，奏请移居。后主为发帑藏建宝光寺，使驻锡焉。于是大阐宗乘，参学至者，舍不能容，多就田间结庐居。"

宝光寺就是后来的大通寺，南汉时的"南岸"正是大通寺所在地——花地，"多就田间结庐居"，此时的花地已经是良田平畴，是早期芳村村民安家落户的宜居之地。

水乡田园因为追慕者众而变为繁华城市，这是早期走出城外追寻桃花源的文人所未曾预料到的。如前所言，光绪中叶，绅商相率在西关购地建屋，"数十年来，甲地云连，鱼鳞栉比"，光绪于1875年登基，广州走到了光绪年间，已经有2000年的历史，在城市，何处寻找桃花源一样的故乡？这个问题问了我们2000年后终于有了答案。

陶渊明笔下的桃花源是最质朴乡村男耕女织生活的描写，广州过往的名园选址在荔湾，与荔湾天然的地理环境有关。古代广州，出北门是山，北门之外是体验登峰的户外运动场；出南门是海，其实是珠江，没有海珠桥之前，去河南还是要靠行船；出东门是田，车陂、杨箕、冼村一带是一望无际的田野，天河在1985年建区之前是养猪、种菜的农业大区；唯有向西，城外有城，桃红柳绿、荷塘月色、商铺鳞次栉比，因此，造园之梦便落户西关，在荔湾实现。

私家园林是南北家居文化的差别之一，黄河以北甚少有私家园林，大部分名园都建筑在长江以南，对于出世、入世八面玲珑的成功人士来说，园林是不可或缺的治愈。近代之后，广州加快了城市化的步伐，解甲归田的巡抚、告别京城的探花、留洋归来的医生、南洋发达的富商都选择定居荔湾，他们对于土地的想象是田园，田园不能是城市，却也不能远离城市，它是城市与乡村结合的产物。西关，恰好就处于这样一个似游离又结合的地带，于是，西关成为岭南在清末盛放的一树桃花，成为新西关人心中的桃花源。

风景与雅士之间互为因果的关系在于相互成就。诚如余秋雨所言，中国的风景需要文化人来点亮，古往今来都是“羊城八景”之一的荔枝湾也一样。

以荔枝湾为核心方圆数十里，没有建园之前，不过是河流、池塘、树林、农田等自然要素的组合，来此游玩贪图的是旷郊野趣。园林落户荔枝湾之后，荔湾家园“一湾春水绿，两岸荔枝红”的意境从此确定，按照两广总督阮元的说法，风景绝佳之处便在于“白荷红荔泮塘西”。

红荔还是那个红荔，白荷还是那个白荷，但是，经过众多文人雅士歌咏之后的荔枝湾，人文味道更加浓郁，它已经酝酿成为我们心目中那个能逃避烦恼与喧嚣的世外桃源了。

唐荔园，建于清道光初年，是西关最早建的园林之一，它与后建的海山仙馆、小田园、景苏园合称为“西关四大名园”，名传后世。

清代唐荔园并不是建在今天的唐荔园餐厅那里，黄佛颐《广州城坊志》引用了谭宗浚（同治进士，岭南词家谭莹之子）的说法是：唐荔园在“半塘（今作泮塘）之墨砚洲上，今村人亦罕能认其故址者”。

半塘墨砚洲一带水网纵横、风景秀丽，道光初年，广州十三行会馆行医的医生丘熙出资在此建起他的私家园林，初名为丘氏园，至道光四年（1824）落成，更名为唐荔园，据阮元之子阮福的《唐荔园记》记载：“近年荔枝湾中有南海丘氏所构竹亭瓦屋，为游人擘荔之所，外护短墙，题曰虬珠园。”唐荔园的园主丘熙擅长接种牛痘，故唐荔园与主人齐名。

从阮福的记录来看，唐荔园不过有些竹子搭的凉亭，瓦屋也很简陋，完全是一个临建，供游人摘荔枝之用。唐荔园建成之后，谈笑皆鸿儒，往来无白丁，众多名人雅士留下了赞美的诗句，推动唐荔园上了档次，进入了完全不同的、诗歌的境界。

谭莹在《重游唐荔园五首》里写道：“竹屋三分水，菱藕数稜塘。”潘仕光《过唐荔园》有“一面青山三面水，有荷花处便题诗”之佳句。张维屏《长夏杂诗之二·唐荔园》有“一湾溪水碧于酒，两岸荔枝红似花”的妙联。

晚清盐商巨富潘仕成经营的海山仙馆就在荔枝湾之西，海山仙馆也有一副关于荔枝湾的楹联：“海上有三山，风景依然，玉箫何处？岭南第一景，黄梅时节，红荔湾头。”荔湾名园进入海山仙馆时代，声誉自不必说，更有一众大牌文化名人为海山仙馆著文传播。大书法家何子贞来粤，曾为海山仙馆的座上客，时适孟春，天气尚凉，未能饱尝荔枝，引为憾事。临别的时候，写了一副对联：“无奈荔枝何，前度来迟今尚早；又摇花舸去，主人长醉客常醒。”

当荣耀日薄西山，世间仅余传奇，园林的凋敝如旷世美颜卸去浓妆，荔枝湾便又复归自然，除了绿水弯弯、荔枝红透，彼时的荔湾在过客的眼中，岭南园林好风光已经混迹躬耕陇亩的田地之中。海山仙馆败落后，南海的李仕良来探访旧址，他在《狷夏堂诗集》有一首《过海山仙馆遗址》诗，最后几句是：“客曰盍归来，夕阳天欲暮。孤影陡惊人，稻田起飞鹭。”

荔枝湾对于荔湾区的意义怎么说都不为过，荔湾区的名字就来源于荔枝湾。古往今来，广州濒临珠江，六脉通海，东有东濠，西有西濠，中有玉带濠，多少人家的门口就是一脉春水向南流，荔枝湾的长度、水量在羊城都不算是傲视群雄、独领风骚，为何独享流芳百世的美名？

对于荔枝湾的魅力，我们可以用老市长朱光的一首竹枝词来体会：“广州好，夜泛荔枝湾。击楫飞觞惊鹭宿，啖虾啜粥乐余闲。月冷放歌还。”荔枝湾是天然的游乐场，在这里，上至市长，下到百姓，都可以平等地享受旷野水系的游船乐趣，还可以喝粥吃虾，直到夜深才依依不舍而去。

“广州好”好在开放、平等，荔枝湾是广州平民文化的代表作之一，与北京、西安的池、海在古代曾专属皇家不同，荔枝湾一开始就不属于皇帝、富商，而是属于全体市民，平等化和平民性，是荔枝湾的特点，从被利用之日起，这些景点就没有设防过。

人与自然完美和谐，是人可以享受自然给予我们的乐趣，自然可以得到人类持久的保护。荔枝湾是一个有千年历史、闻名天下的消夏游乐场，南汉末代国主刘鋹所经营的“昌华苑”就建在荔枝湾边。南宋王象之《舆地纪胜》记载：“半塘为南汉刘王花坞故地，有桃、梅、黄、莲之属。”清朝嘉庆年间仇池石编纂的《羊城古钞》亦说：“荔枝湾在城西七里，古图经云广袤三十余里，南汉创昌华苑于其上，今皆居民。”

“白荷红荔泮塘西”，荔枝湾的美景千百年来让人流连忘返，荔枝湾的发展走势却是更加大众化，普通市民的参与性更强。

20世纪初，“西郊泳场”“海角红楼”相继出现，从荔枝湾出发去海角红楼的游艇如过江之鲫，江面上、河面上、涌面上，来往穿梭着各种提供服务的大艇小艇，有“老九记”这样豪华版的紫洞艇和酒菜艇；有“生记”“小神仙”这样只卖“艇仔粥”的快餐艇；另外还有叫卖海鲜、荔枝、西瓜、香烟、糕饼的杂货艇；甚至有出租留声机或卖唱的音乐艇，荔枝湾的特色就是雅俗共赏、老少咸宜。

有一千个读者就有一千个哈姆雷特，荔枝湾这部人间佳作，文人雅士、平头百姓各取所需，看到的是不同的美，因此，赞美荔枝湾的方式也不同。诗人自然是用诗词歌赋来表达对荔枝湾的喜爱。道光三年（1823），两广总督阮元在广州过了六十大寿，这一年五月廿七日，为庆祝夫人生日，阮元携夫人游荔枝湾，在荔亭休息，得诗一首。诗云："荔枝湾中水几湾，荔枝仙成十万丹。我独棹船出江关，穿林拂叶来河干。羊城六度荔子殷，昌华故苑今才看。亦霞绛雪何斓斑，就树颇有游人餐……"

阮元任两广总督九年，六次兼署广东巡抚，主修《广东通志》334卷，倡办学海堂，对广东的文化教育建设有很大贡献，公务繁忙，来穗六年之后才有时间与家人慕名前来游览荔枝湾，享受夏日清风、穿林拂叶的闲散时光。

科举废除之后，教育现代化，曾有一段时间，乡土教育是小学教育的重点课程。出版于1948年的《广州市乡土教材》有一课是专门写"荔枝湾"的："荔枝湾在市西，由多宝路可以直达，是南汉昌华苑遗址。邑人潘仕成曾在这里建海山仙馆和荔香园。红荔在林，绿荫如画，蝉声夹岸，流水不湾。每当暑天，人们都来消夏，盛极一时。珠江游船，有所谓横楼紫洞，孖舲沙艇，多载游客，游憩其中。有些自棹舢板，轻桡短棹，此往彼还，一叶扁舟，顺流容兴，也是一件快乐事。可惜每交冬令，水流骤竭，游客便稀少了。"

21世纪，在广州举办第16届亚运会前，荔湾区开展荔枝湾揭盖复涌工程，重新规划建设荔枝湾涌，重新勾起人们“一湾溪水绿，两岸荔枝红”的美好记忆，当时，仅仅用半年多的时间就完成了复涌一期工程，在城区环境改造史上写下了亮丽的一页。

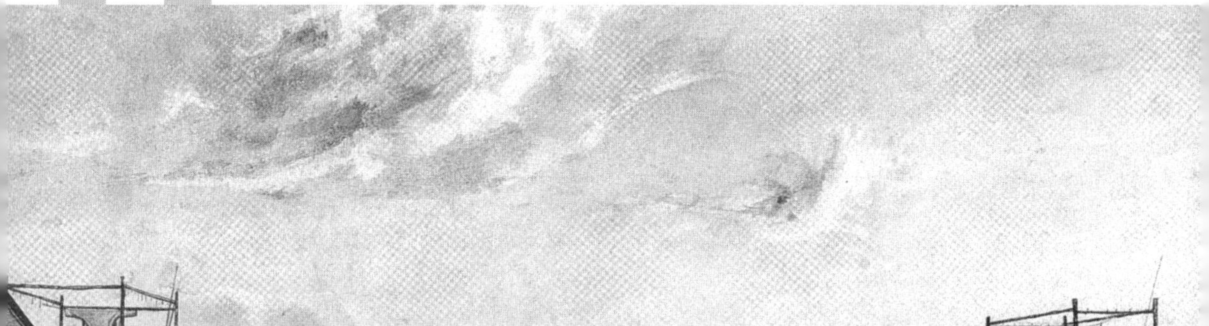

当年十三行靖远街

双文化中心

历史上，广州一先一后拥有两个文化中心，一个是官方主导的政治、文化中心，具有一定的规划性；一个是商人和市民主导的商贸、文化中心，是自主发展、自发成长的。

西关文化是广州经济大发展的结果。

历史上，广州一先一后拥有两个文化中心，一个是官方主导的政治、文化中心，具有一定的规划性；一个是商人和市民主导的商贸、文化中心，是自主发展、自发成长的。

城市的良性发展仅仅依靠人口的增多是不够的，必须有财富的增长在背后支撑，才能推动城市文化向和谐、繁荣的方向前进，我们设想一下：如果当年只是大批贫民集聚在西门外，那么彼时的荔湾只能是贫民窟而不是富庶的西关。

西关文化是广州经济大发展的结果。

西关繁荣起来的18世纪初至19世纪中，中国是世界上经济最发达的国家，没有之一。以GDP计算，康熙三十九年（1700），中国的GDP占世界经济总量的23.1%，当时整个欧洲才占23.3%，俄罗斯仅占3.2%。1750年，中国工业总产量占世界工业总产量的32%，而全欧洲仅占23%；中国的国内贸易总值为4亿银两。直到1820年，中国的GDP仍占世界经济总量的32.4%，居世界第一位，欧洲占26.6%，美国占1.8%。

当时中国的商品如生丝、丝织品、瓷器、茶叶、棉布、砂糖、粮食、药材等，在国际市场上享有很高的声誉，具有很强的竞争力。所以，美国历史学家保罗·肯尼迪（Paul Kennedy）在《大国的兴衰》一书中认为：在近代以前的“所有文明中，没有一个国家的文明比中国的更先进和更优越”。考太苏的《皮莱斯的远东概览》认为那时的“中国乃是一个伟大、富饶、豪华、庄严的国家”。

而这一时期，正是十三行垄断中外贸易的“一口通商”时期，广佛两地在明清两朝双双进入了稳步发展的阶段。佛山面向国内市场，工业腾飞，冶铁、制药等行业在国内名闻天下；广州则面向海外市场，商业繁荣、贸易兴盛，被誉为“百货之肆，五都之市”，是一个公认的人口众多、资源集中的南方中心城市。另外，从人口的增长也能看出省城的繁荣，据不完全统计，明朝开国初期的洪武十三年（1380），广州拥有人口7.5万，到了明嘉靖四十一年（1562）增至30万，清末宣统二年（1910），增至40.7万人。

明朝，广州的发展思路是“中调”和“南拓”，北有越秀山的屏障，东西两侧有东濠、西濠，人口的增多使得旧城池人满为患，为此，广州在明朝进行两次较大的扩建，第一次约在明洪武十三年（1380），改变宋朝的三城分割局面，内部融会贯通合为一体。明嘉靖四十二年（1563），又进行第二次扩建，将外城区向南扩张，把原不在城内的濠畔街包进城墙内，保护这一带已经成熟的商业区。到了清朝，广州作为中心城市的集聚效应得到进一步增强，广州的人口与财富还在不断同步增长，此时，又增建东西两侧翼城，一直延伸到珠江边。

西关是广州城市财富“满溢”的结果，今天的城市在扩大城区规模方面有很多方式，简单粗暴的方式有“摊大饼”，近年来更为流行较科学的“卫星城”，古代的城市受城墙所限，它的扩展受到城墙这一沉重“外壳”的限制。

20世纪初，广州的城墙未拆之前，其走势是这样的：老城区由越秀山起，经今天的越秀北路、越秀南路，向西转经文明路、大南路、大德路，再向北转经人民中路、人民北路、盘福路，回到越秀山终点。新城区的城墙大部分平行于文明路、大南路、大德路一线，还是从越秀南路起，经万福路、泰康路、一德路，右转至人民南路北上，那时的太平桥就是终点。

城市规模与城墙长度形成矛盾，如何突破这厚重“外壳”的限制？

力量来自民间，资金流、物流、人流如同水流一样，随势赋形，它们从“容量”已经有限的城墙内“满溢”出去，寻找着适合之处聚集起来，持久发挥着作用。西关在宋朝已有雏形初现，开发的顺序大致是由地势较高的上西关向地势较低的下西关推进。明朝时，十八甫已经出现，怀远驿这样的外贸活动场所就出现在西关。到了清朝，“满溢”效应达到高峰，此时的城中，人口众多、街道狭窄、铺面已满，商人们在寻找新的投资宝地，官绅在寻找新的宜居之所，此时另辟一方新天地是水到渠成、自然而然要发生的事情。

今天，越秀区、荔湾区西部的分界线是人民路，也就是当年城墙所在地。西关是商贸繁荣之地，从西关的街道名称就可以领略其中的风采，当年商人希望生意兴盛、发财致富、平安吉祥，于是把街道命名为多宝、逢源、华贵和宝华等等。

古代广州的财富格局是“东村西富、南富北贫”，这句谚语说的便是财富的不平衡格局，光绪年间，广州的“高档社区”是在今天的宝华路附近，耀华、宝源、逢源、多宝与宝华路构成一片新式住宅区，这里的街道以井字形布局，街面宽阔。华南师范大学曾昭璇教授称逢源区是较为典型的西关社区格局，它以3条南北主街——逢源东街、逢源西街、逢源正西街将东西街道贯穿起来，南连多宝区，东通宝华区，街道呈正交方式，由北而南有12条街，为城区的商业、居住提供了足够的公共空间。

而“西富”完型的标志是上下九、十甫路的商业地位得到提升，今天我们来看广州两条最主要的步行街，一条是北京路，一条是上下九，两条步行街分别代表了两条传统的商业中心轴，北京路下接天字码头上延到旧时的惠爱路，更是老广州的半条中轴线。

其后，广州的商业中心不断东移至今天的人民南、长堤甚至环市东路、天河路一带，但是，自成形之后，上下九的地位和西关的商业文化格局百年未变。清末民初，西关地区商贾云集，其商业中心就在今天的下九路、十甫路一带。

按经营地段来分：上九路北面多是金铺，南面是花纱棉布庄，与光复南路、杨巷路的布庄相呼应。下九路的北面大部分是鞋店，有著名的鹤鸣皮鞋店、吴志记小圆头礼绒鞋、潘常兴胶鞋等，还有大吉、大喜、福生等床上用品店；下九路的南面是绸缎店，较著名的有纶章、仁章、上海、唯一、同章、天生、广公诚等。此外，还有信孚、自良、文华等服装店，大同、天工、新华、大利等百货店，三红、雪红、华南、亚洲等照相店，正如市民所言，下九路是一处地道的扮靓街。

上下九的商业格局一直保留下来，作为最早的步行街，到20世纪末依旧是城市的商业中心，个别百年老店也为20世纪的广州市民熟知，例如鹤鸣、纶章等等。当代上下九路，东有光复中路的缝纫专业市场、光复南路布料市场、杨巷路布匹市场、德星路服装配料市场；南有十三行路“故衣街”服装市场、十八甫路布匹市场、黄沙农副产品市场、清平中药材市场；西有美食一条街第十甫路，其中有百年老店陶陶居、莲香楼以及众多大小食肆；北有长寿路理发用品专业市场、西来正街玉器酸枝家具街、源胜街“古玩街”等，汇聚了众多打金、金银珠宝的商家，构成近2.5平方千米的商业版图，与民国初年的商业格局基本接近。

2002年，广州市公布了第一批老字号，共27家，其中在荔湾区的有8家，分别是陶陶居（始创于1880年）、莲香楼（始创于1889年）、南方大厦（始创于1918年）、广州酒家（始创于1935年）、何济公（始创于1936年）、皇上皇腊味（始创于1940年）、泮溪酒家（始创于1947年）、鹤鸣鞋帽商店（始创于1948年）。8家老字号中有一半集中在一个地方，陶陶居、莲香楼、广州酒家、皇上皇都位于上九路、下九路、十甫路一线。

上下九、十甫路作为当年广州的商贸中心，也拉高了周边住宅的价格，吸引了有钱人扎堆定居。据十三行之一天宝行的后人介绍，梁家在下九路西来初地附近有四座三进深的大宅。清代广东最后一位文状元梁耀枢曾住第十甫湛露直街。嘉庆十六年（1811）十三行商卢广利、潘能敬堂、伍怡和、叶大观堂、刘东生、潘丽泉、谢东裕、梁天宝、麦同泰、李万源、关福隆，黎西成等，将位于下九甫绣衣坊并排房屋共 9 间，另有花园书厅并排 4 间捐献出来办“清濠公所”，如果不是因为这些房屋坚挺的保值能力，“清濠公所”也没有相当的财力来做今天水务局的工作。

一道城墙，限制了城市的发展，也导致了一墙之隔两个地价的局面，到了20世纪初，城外西关和长堤的地价反而比城内高出好多倍，如果城墙被拆，修建马路，不仅道路畅通，而且原来的城内的地皮也将随着商业地区的扩大而涨价，可谓有百利而无一害。

拆除城墙、商机无限，其起点还是西关等地的商业发展速度大大超过了城内。1918年10月，广州成立市政公所，设在育贤坊禺山关帝庙内，后迁到大佛寺。市政公所的主要任务之一就是负责拆城墙，将墙基改建为马路。市政公所成立后，即刊发布告曰：“本公所开投拆卸大西门、太平门、普济便门、大东、小东、大南、小南、归德、文明、五仙、靖海、油栏、竹栏、永兴、鸡翼城便门，共十五城门，工程有志投承者请到本公所取阅章程云。”

到了近代，荔湾的商业发展日渐成熟，广州文化双中心的格局也就此形成。毋庸置疑，越秀是广州传统的文化中心，从地理位置来看，它位居城市的中心，广州的城市原点就在越秀区；从历史的角度来看，广州拆除城墙之前，从西汉一直到清末，城墙包围的范围都属于今天的越秀区，古代广州的政治、文化中心自然也在古城墙之内。

在越秀山、中山纪念堂、市政府合署形成的传统中轴线出现之前，城墙之内，天字码头、双门底算半条古代中轴线，有着一定的规划性，府衙、城隍庙都围绕这半条中轴线作了对称安排。在西关，就完全找不到一条哪怕是隐约的对称中轴线，荔湾是城市发展要素自我生长的结果，是广州“满溢”到了城墙之外形成的一个新的繁华富庶之地，但是，它的成功并不是两广总督、广东巡抚刻意设计的结果。

从地名也可以看出越秀区、荔湾区在来历上的差异，越秀区的地名很多体现出了历史继承的延续，例如仓边路、广卫路等等，说明此处曾是已经消失的官方机构或者建筑。而荔湾区的很多地名则带有自然的气息，说明它的源头只是人迹未至的田野，例如荷溪流经西关，今天仍留有很多荷溪的街名——荷溪通津、荷溪一巷、荷溪二巷等，还有就是那些带着浓郁祝福意味的路名例如丛桂、多宝、逢源、华贵、宝华、恩宁等等。

从公元前214年建城直到今天，广州这座城市一直都处于生长的状态，20世纪，推倒城墙、新修马路，西关进入市区；解放后，海珠区、芳村区成立；改革开放后，天河区、白云区、南沙区相继成立。所有新城区的发展都是城市生长的年轮，年轮的中心圆就是两个，一个是越秀，一个是荔湾。

荔湾本身也是广州成长的结果，荔湾发展的轨迹最初是在一片空白中选择一个点，一个又一个点连成线，形成街道，一条条街道纵横交错，形成完整的商业片区。

虽然荔湾区留在古代典籍里的记载并不多，仿佛在时光的递进中没有留下年轮的痕迹一样，它烟波浩渺、原野纵横，是外乡人、外朝人、外国人在此登岸的第一站。

最早来到荔湾的名人是西汉政治家陆贾，他一生中重要功绩之一便是两次出使南越，第一次来到广州是在公元前196年，也就是汉高祖十一年，陆贾受命劝赵佗放弃帝号，陆贾在番禺城外增埗河边登陆，就近建筑泥城作为驻地。

泥城在今天荔湾区西场附近，2017年12月底，在荔枝湾景区荔园广场，陆贾铜像揭幕，三座铜像分别讲述了“筑泥城”“和集百越”“统一归汉”的故事。

商人对于城市的贡献在于投资，以利益为驱使建设城市；官员对于城市的贡献也是建设，与商人不同，官员不采取市场行为，他们的目标是运用权力直接兴办企业、文化、医疗、教育。陆贾也是一位政治家，他在南越没有权力，泥城并没有带旺西场，它不可能起到吸引人口的作用。

到了张之洞督粤，西场终于迎来了一位热切关注它的高官，广雅中学校友亲切地称呼为“洞爷”，张之洞千挑万选，找到了今天广雅中学的位置兴办广雅书院，广雅书院招收广东、广西的学生，数量也不过数百人。

也正是因为张之洞，科举废除，广雅书院随着时代变化而改为学校。1929年，那时的广东省立第一中学——现广雅中学周边还是“水田菜地”。广东省立第一中学在招生简章里是这样介绍自己的具体位置：“粤汉铁路西村车站之西”，南通黄沙车站，约十里；东入彩虹桥经宜民市，可达西门，约五六里。西村车站与中央公园之间有长途汽车行驶，依西村公路绕道越秀山下，每人车资两毫（即银币两角），“此路为本校与广州市交通之通道”。

没有门牌号码，那时的省立第一中学孤零零地坐落在一片“水田菜地”之中，安享着静谧，当时的西村只有一条主要的交通线——西村公路。直到20世纪30年代初，去西村还是要坐长途汽车，推动西村大发展的还有一个人，那就是陈济棠。

西场是陈济棠时期的工业区，广东省营第一工业区就在西村、西场，这里是屈大均的生长之地，屈大均祖籍是番禺新造，不过，他出生和长大都是在西场。

1930年，陈济棠将原属南海县的增埗、西村一带划入市区版图，在增埗、西村一带设立“广东省营第一工业区”。短短两年内建成广东省士敏土厂、硫酸厂、苛性钠厂、肥田料厂、饮料厂等一批工厂，部分工厂一直到20世纪80年代还在生产。1934年，广州市政府决定建设西村发电所（今发电厂），使增埗、西村一带成为当时耀眼的“高新技术开发区”，至此，西村有了广州“工业摇篮”的美名。

广东省士敏土厂便是后来的广州水泥厂，作为一家老企业，陈济棠时代的设备一直用到20世纪90年代，它的职工住房到了20世纪70年代才大批兴建，成百成千的职工住进了工厂建在西村大岗元的住房，西村的人气慢慢热了起来。商业是最后到来的一位“客人”，它的眼光独到、脚步慎重，直到20世纪90年代，西村地区才出现大型的百货商场——南方大厦广客隆及好又多（好又多后来被沃尔玛收购）。

每一个来到荔湾的人都带来或大或小的“旋风”，这也是文化的“蝴蝶效应”，这种效应不只是空间的也还是时间的。将近1500年前，另一位影响中国文化的外国人在荔湾区登陆，他掀起的“风暴”一直延续到今天。

公元526年，印度高僧达摩由海路来广州，在绣衣坊码头登陆，登岸处在今天下九路西来正街附近，后人称为“西来初地”。到达广州后，达摩就近在今天下九路华林寺所在地设坛传教，梁武帝热心佛法的传播，因此邀请达摩北上建业。达摩停留荔湾的时间不长，却给广州留下了“西来初地”之名并沿用至今，今天的西来正街巷口立有一块石碑，上书“西来古岸”四个大字，小字为“萧梁大通元年达摩尊者自西域航海而来登岸于此”。

荔湾从西关起步之后，点点滴滴地积累，直至成为广州不可或缺的老城区。荔湾地区自宋代开宝年间开始归南海县管辖，此后多个朝代未变。清末，西关属南海县捕属（即县衙直辖区），西村、泮塘一带属南海县恩洲堡管辖。到了20世纪，荔湾在社会管理上正式进入广州城市范畴，清末民初，地区事务主要由警察局（署）管治。清光绪三十年（1904），荔湾地段内设巡警北路正局于华林寺，设南路正局于陈塘南。光绪三十三年（1907）撤销南北路正局，分别于西山庙、西禅寺、浮丘寺、允贤坊、华林寺、长寿路、第十一甫庾网巷、十三行、陈塘南、大笪地同德大街、永庆街、宝源北街设立12个西关巡警分局。宣统二年（1910），12个分局并为4个巡警区，为第三、四、五、六区，区所分别在西禅寺、长寿路、陈塘南、永庆街。

辛亥革命后的1921年，中国第一个现代意义的“市政府”——广州市政厅成立，西关地段划属广州市区范围。民国17—19年也就是1928年到1930年，原属南海县管辖的南岸、澳口、增埗、西场等地均划入广州市区范围。20世纪30年代荔湾地段的警局有长寿、宝华、陈塘、西禅、荷溪、逢源、黄沙等分局，另有西山、南岸、太平、鹅潭等分局管辖的部分地段属现荔湾区范围。

抗日战争胜利后，国民政府与英法重新签订协议，收回沙面另设新区。2005年4月28日，经国务院批准，将原芳村区的行政区域划归荔湾区管辖，荔湾区便有了今天的样子。

1837年的广州城郊街道

三重空间：地理空间 城市空间 文化空间

荔湾区的三重空间，我们可以各用一个形容词概括：地理空间——美丽，城市空间——繁华，文化空间——多彩。

荔湾区的三重空间，我们可以各用一个形容词概括：地理空间——美丽，城市空间——繁华，文化空间——多彩。

从时间流上看，城市发展的最初阶段，不可能三重空间同时存在，必然是有先有后。地理空间是大自然的馈赠，它不以人的意志为转移；而城市空间则是文化空间出现的前奏，是城市满足市民宜居宜业必备的条件；文化空间完成了城市“地方感”也就是地方特色文化的“酿造”，对于荔湾的情感依附不可能都是诗词歌赋和民俗节庆，它必然包括家乡的街道、饭店、剧院、广场等等。

到了今天，三重空间所具备的功能同时存在，以沙面为例，白鹅潭畔，珠江水奔流向前、千古不变，这是造化的礼物；白天鹅宾馆、沙面西桥提供实用的旅游、交通功能，这是城市空间要素；整个沙面是近代西方建筑的博物馆，既是游客流连忘返的景点，也是市民寄托怀乡情结的文化空间。

“地方感”的出现离不开人们对特定“地方”的依恋、热爱、忠诚，“地方感”和“地方”之间的关系，也恰好说明了城市空间与文化空间之间的递进。“地方感”包括了地方依恋、地方认同和地方意象，地方依恋的初期是地方依赖，地方依赖是人与城市之间的一种功能性依恋，这是城市空间阶段的特征。而地方认同是一种情感性依恋，能够产生地方依恋需要两个方面的条件同时具备，一是市民对于城市的依恋，代表了个体对于社会责任的担当；另一方面，城市已经具备了成熟的文化，有能力将城市空间转化为文化空间。

荔湾是自发生长的，最少在20世纪20年代广州市政厅出现之前，是没有系统规划的，完全是自然形成，如同珠江边的一棵大树，街道就是大树的枝丫。根据《荔湾区志》记载，清代，荔湾就有了街道网络。

要是对典型的西关大屋街区追根溯源的话，西关过去曾是低洼湿地，我们的祖先采用高基围地—基围设街—围内开发的模式，将大片土地变为街区，今天的荔湾仍然较好地保留了旧时的城市肌理，街区道路十字交叉，呈棋盘方格状，有着古老坊式街区的风味，大街与小街的宽度差别在于街面铺排的麻石条数，内街的宽度适宜行走，基本用于居住，面向城市道路两侧的铺面开发为商业用途。

街道是城市的舞台，了解城市的三重空间适宜从街道走起。市民生活依赖街道经济，市民的社交也依赖街道，街道提供了文化的多样性，在荔湾区的旧街道，两边都布满了店铺，规模不大却类型齐全，如同拆散了一个百货公司，将各个店铺散落在街道两边。今天住在西华路、龙津路、宝华路等街道的街坊，他们的楼下并没有大型的购物中心，生活需求都靠“士多”和商店来解决。

荔湾“有价值的传统”还包括简·雅各布斯（Jane

Jacobs）所说的“多样性的城市”“混合型街区”。在荔湾的大街小巷穿行，那些陈旧出韵味的西关大屋、竹筒楼里还是照常住着人家，还是照常吃饭、买菜、喝茶、上香，还是寻常日子、隽永况味没有变，他们的祖辈、父辈已经在那里居住，他们中间有些已经有能力选择任何地方购房乔迁，不过，看来看去，还是觉得从小住惯了的老荔湾才是宜居之地。

荔湾街道的三重空间合成了广州的老城况味，第一重是街道里巷，天生天养、随势赋形，与东山的精心规划不同，西关的街道里巷是自然生长出来的。第二重是市井民居，没有大牌的建筑设计师，也没有资质规范的建筑公司，一家之主就是设计师，预算是建筑的天花板，天花板之下，可以是竹筒楼，也可以是深宅大院。第三重是临街商铺，招牌高挂、人潮涌动，市井气息浓郁。

广州的古老，势必有很多的细节散落在街道供人玩味，街道是我们怀古的第一道大门，1822年，西关火灾，当晚，大火起于第七甫的饼店，火借风势，越过打铜街，第二天早上烧到十三行，下午到了杉木栏，两广总督阮元也只能在城楼上望火兴叹。

今天人们回忆起那场大火，往往炫耀大火将十三行的银子熔化成了小溪，流淌在街道上。街道就像是一张可以反复刻制的光碟，它海量存储，从来不会因为后来的加载而洗去过往的记录，今天，我们回到杉木栏，城市上空没有飘过的黑烟，不过，将近200年后，大火深深被人记忆，虽然给人的感受已经全然不同。

近代西关，大量的商铺、桥梁、街道、学校、戏院、医院出现在城市空间里，这是人们改造地理空间的结果，城市为市民提供功能性的保障。对于城市依赖的结果，久而久之便从依赖演进为依恋，依恋则意味着必然有情感的产生。

以宋代、元代羊城八景的“大通烟雨”为例，在古代，花地大通是沼泽泥泞之地，到了唐代才建置码头，与广州城隔江相望，是广州通西江、北江必经水道的出入口，此时的大通还没有文化价值，只是人来客往、货如轮转的港口，作为城市的交通基础设施而存在着。

《双桂堂真本》是这样记录大通烟雨的：“大通烟雨大通港，在城西南五里，为英护浦，大通禅院，南越刘晟赐名宝光寺，达岸禅师住此，化去有肉身，祈祷辄应。政和六年（1116）经略使党民题大通慈应禅院。明万历六年（1578）大旱，众僧迎至诃林祈雨随降。康熙六年（1667）郡人肖子奇捐资建复，周围植树千株，寺今而复兴焉。南岸大河白鹅潭，中有窍，大风起，鹅浮于水，南通高雷南韶罗连各处，东（往）惠潮福建虎门各洋，所谓大通港也。寺有龙霞井，朝出霞雾，四面遮盖，海上风帆，影落井中，两岸青山绿水，一派幽雅奇观，乃仙城八景之第二胜地也。诗曰：大通烟雨云霞雾，错认渔舟作渡船。”

在省城众多名胜古迹中脱颖而出，成为羊城八景之一，并非一件易事。根据《双桂堂真本》的记载，我们可以发现，如果没有大通寺的出现，大通烟雨只不过是自然景观，大通港不过是一个码头而已。

光绪五年版《广州府志》称："烟雨井在会城（即省会）东南大通滘古寺中，晨熹初散，常袅轻烟，所谓大通烟雨是也。"从《广州府志》的角度去看，大通烟雨是纯粹的自然景观；相对来说，清朝诗人张维屏的评价非常中肯。其五言诗云"红紫成香国，钟鱼近梵宫，门前有流水，舟楫往来通"，既歌咏白鹅潭一衣带水的美景，又道出佛门净地特有的文化气息，此时的"大通烟雨"完成了从自然空间、城市空间到文化空间的递进过程。

建造一间禅院，汇聚众多僧人，在古代算得上是一项大型的文化工程，并不是所有人都可以完成的任务。改变城市空间的性质，不一定需要耗费巨大的人力物力财力，哪怕是修一座石桥、围一方庭院，设计精巧也能画龙点睛，让普通建筑千古留名。

今天的西华路依然保留有彩虹桥，只不过与古代相比，今天的彩虹桥在文化领域的地位已经大为逊色。关于彩虹桥，古人有很多咏诵。如清代倪云瞿曾作竹枝词："牙樯锦缆木兰桡，载得松花酒一瓢。相约绿荷深处饮，月明撑过彩虹桥。"从上面的竹枝词，可知彩虹桥曾是周围遍植荷花，一到夏日，接天莲叶无穷碧的风景引动诗人墨客在此饮酒雅会，流连忘返。

彩虹桥的所在是南汉名胜昌华苑的一部分，昌华苑是广州古代有名的皇家大花园，南汉皇帝令人疏凿芝兰湖，通白云山泉水流到湖里，接通流花桥水道入珠江。今天的桥梁工程技术已经达到了“天堑变通途”的境界，一道内湖上的桥梁无法匹配“彩虹”美名，而在当时，从彩虹桥又名“长桥”便可以得知，彩虹桥是广州名列前茅的大桥。

地理空间就像满天的星斗，一望无际，而文化空间则是地标，是满天星斗之中的月亮。当年的昌华苑到处绿树成荫、花开富贵，辨识度最高的就算是彩虹桥了。

朝代更迭，盛衰寻常事，文化设施的运命起起伏伏也在所难免。大通烟雨随着大通寺的消失也淡出羊城八景行列很久，没有持续的投入和积累，一个景点便无法长期成为知名的文化空间。彩虹桥也是因为不断有新鲜内容加入，才成为广州过往一道亮丽的风景线。

北宋太平兴国年间，孔子四十三世孙孔承休南迁，并在彩虹桥附近定居，成为孔氏南迁的始祖，孔承休在彩虹桥的宅院至清末犹存石井、石桥。之后，孔家子孙开枝散叶逐渐散落南粤全省，今珠三角孔氏十一房都是孔承休的后裔。

明代，大学士方献夫也在彩虹桥建宸翰楼，后楼毁。

古代广州的地方官也深谙文化建设的规律，不断将彩虹

图为荔枝湾大戏台

桥的金字招牌擦亮。清康熙二十四年（1685），南海知县郭尔屺重修彩虹桥，立石兽，竖表道石柱，桥上水门豁阔。清乾隆年间，宸翰楼旧址上又建文襄神祠以纪念方西樵。1888年，清两广总督张之洞在彩虹桥不远处建广雅书院。广雅书院、孔承休旧宅、桥外文襄祠、桥侧文殊寺，合称彩虹桥四大遗迹，至今只有广雅书院还完好如初。

从地理空间提升为城市空间，建筑发挥的作用至关重要；从城市空间进化到文化空间，文化名人的点染必不可少。正如余秋雨先生在《文化苦旅》自序中所言："大地默默无言，只要来一二个有悟性的文人一站立，它封存久远的文化内涵也就能哗的一声奔泻而出。"

荔湾区丛桂路一带原名丛桂坊，初名丛桂里。丛桂意指多人金榜题名、同折桂枝，相传南宋嘉泰二年（1202），南海人刘镇、二弟刘容、三弟刘铎均高中进士，一门三进士是非常难得的盛事，因此，他们居住的地方便改名为丛桂里。

刘镇并非只会应试的有名无实之辈，在黄佛颐《广州城坊志》中，我们还能找到关于他的记载："南宋词人刘镇，学者称随如先生，居丛桂里。"虽然在刘镇存世的词作中，还没有找到吟诵荔湾的作品，但是，他对于广州却有不少歌颂，下面这首便是他写兰湖的词：

水龙吟·丙子立春怀内

三山立雪才消，夜来谁转回寅斗。试灯帘幕，送寒幡胜，暗香携手。少日欢娱，旧游零落，异乡歌酒。到而今，生怕来太早，空赢得、两眉皱。

春到兰湖少住，肯殷勤、访梅寻柳。相思人远，带围宽减，粉痕消瘦。双燕无凭，尺书难表，甚时回首。想画栏，倚遍东风，闲负却、桃花咒。

过往彩虹桥、丛桂坊都是风景优美的游玩之地，后来因景留人、景以人名，往往就说不清是景色还是人文哪个更胜一筹。不过，有一点可以明确的是，日积月累而形成的“地方感”特色越来越强烈，对于家园的认同感也就越来越强烈。

梁佩兰在清初可谓代表岭南创作水平的诗人，他和屈大均、陈恭尹被时人尊为“岭南三大家”，和程可则、陈恭尹、王邦畿、方殿元、方还、方朝被人尊为“岭南七子”，即便如此负有诗名，他在科场的运气也是十分糟糕，直到六十岁花甲之年才高中进士。

京城或许已经不适合这位老人的生活习惯，梁佩兰折桂之后没过多久便回到广州，住在丛桂坊，一住就是14年，宅名六莹堂。“六莹”是一把琴，梁佩兰在生活拮据时把它典于当铺17年，后于七夕夜筹得款项赎回。久居西关，西关也就成为梁佩兰笔下常见的意象，他在《养马行》里写道：“西关马厩在城下，城下放马马散行。”

到了乾隆年间，丛桂坊已经是名人聚居地了，新会举人钟启韶弃文从商后，与十三行之一怡和行的伍家交往甚密，钟启韶在丛桂坊置业，隔壁就是梁佩兰的旧居，钟启韶有诗赞丛桂里："淮南丛桂里，故宅六莹居，文藻惭前哲，宗风或起予……"并注云："余与缃庭接邻，隔壁是梁药亭先生故宅，又与苏耘村夫子宅相对。"苏耘村是南海人，乾隆年间进士，著有《丛桂山房集》。

众多富商和高官选择住在丛桂里，并且以丛桂里为傲，从苏耘村的书名便可窥见一斑。钟启韶移居丛桂坊后，又曾与徐小山为邻。他有寄徐小山诗："不见诗人徐小山，草堂深掩雨中关。课儿砚北书千卷，无友桥南水一湾。健者唯居非放浪，时乎未老好偷闲。樵夫觑破人间世，明月白云相往还。"又云："君家桥北我桥东，病首支离讶许同。黄叶碧苔吟海口，白云明月想桥风。心悬酒盒筹诗兴，梦约烟波事钓筒。相望深檐耿良夜，露华知在桂花丛。"

荔湾的城市空间初期自然是以民居为主，较少高大建筑、地标建筑，在1840年之前，西方建筑没有在广州出现，官府衙门、孔庙学宫就是地标建筑，中式建筑的高度自然有限。在1840年之后特别是到了20世纪初，情况大为改观，粤海关大楼是在1914年、邮政总局大楼是在1916年出现在西关。

高大建筑需要仰视，往往让人感到渺小，让人感到自己与城市之间画有若干条界线，太多的高大建筑使得居民误解城市，感觉它是用对游客的方式对待市民。适宜的城市空间就像老荔湾一样，有着宜行的街道，道路两侧是喧闹的店铺、低矮的建筑，这些都在缩短人与城市之间的距离。

新区是城市的青春，是另外一种面孔，老城区代表着城市的成熟稳重，走进荔湾就能感受到那种平和自在，它不疾不徐，俯下身子和每一位街坊交流，它也不再豪华，有的只是干净利落。

把广州放在历史的长河中与其他国际大都市比较时，就能发现广州特有一种亲切、亲近和亲和的魅力。19世纪中叶，当西关欣欣向荣时，奥斯曼也在改造巴黎，此时的巴黎正在用高昂的房价将贫穷的市民挤出市中心，落户到郊外，而广州却正好相反，西关不是容纳贫穷的贫民窟，而是富裕选择了郊区，有钱人移居到了西关。

广州的城市分界线，南边是珠江，是河南、河北的分界线；西边以西濠也就是今天的人民路来分界城内与西关；东边是大东门，门外是东山，在今天，这条东边的界线移到了广州大道，是越秀与天河的分界线，每一次城市的生长都会留下一条“印痕”，这是城市之树的年轮。

以今天广州“东进、西联、南拓、北优、中调”的发展战略来类比百年前的城市外延，放在时间的长廊里看，广州较早大规模地向城外拓展的方式，是“西进”。西关出现在清朝，东山出现在民国，工业化时代到来，海珠区地位日渐重要，而国际化大都市建设则彻底唤醒了天河，东进成为城市最强音。

风雨几百年的酝酿，荔湾已经成熟，但是荔湾并未老去，它的城市空间充满了文化的活力，也散发出迷人的魅力。

昔日的泮塘，是广州人消闲的好去处

花城、水城

广州之所以拥有“花城”的美誉，不仅仅是因为春节期间城市设立花市，还因为千百年来，花已经融入了广州市民的生活，种花、买花、赏花、逛花市成为一种生活方式，广州人通过花表达对于生活的乐观和热爱。花城说的并不是广州适宜种植花卉，而是花作为一种美好的象征，代表了生活方式与自然环境的完美结合。

“双门花市走幢幢，满插箩筐大树秾。道是鼎湖山上采，一苞九个倒悬钟。”这是晚清文人徐澄溥写的一首《岁暮杂诗》，说的是双门底大街年宵花市的盛况。

在迎春花市出现以前，广州的花市为常年花市，据屈大均的《广东新语》记载，明清之际，羊城花市主要位于七个城门口，即大东门（今中山路和越秀路交界处）、小北门（今小北一带）、大北门（今大北一带）、西门（今西门口一带）、归德门（今濠畔街一带）、大南门（今北京路和大南路交界处）、定海门（今德政路与文明路交界处）。按屈大均的说法，在常年花市上，素馨花是唯一的主角，当年人们说的“花”，其实就是素馨花。

花埭也就是芳村花地，广州的花文化离不开花地。花埭供应广州花市的鲜花，清朝以前主要是素馨花。花埭栽种素馨花的农家妇女，每日趁天未明，便把洁白的花蕊采摘下来，盖上湿布，运到市区的常年花市销售。那个时候，从花埭口到海珠石，运花贩花的花船，随潮水涨落往返，其景况正如德庆举人梁修的《花埭百花诗》所描述的：“日暮珠娘不摇橹，沓潮流上贩花船。”广州海珠公园旧址，背面原来有个五羊门，门前有花渡头，便是卖花船系缆之处。

常年花市至今仍然散布在羊城的各个角落，与百姓的寻常日子朝夕相伴，只是没有那么集中而已。到了后来，每逢春节前夕，一年一度的迎春花市在羊城开始登场。早在清光绪年间，除夕花市基本形成，过去，广州的花市有城门花市、双门底花市、杨巷花市、太平南花市等，但形成广州花市风格的是桨栏路花市。

荔湾区的桨栏路花市最初由十八甫花市转移而来，20世纪20年代，因为要修筑马路，西关十八甫花市迁至桨栏路，从此一直持续到1956年。将近除夕，鲜花沿桨栏路两旁店铺门前摆卖，从农历十二月二十七开市，到除夕深夜十二点后结束，有时延长到凌晨二三点。1956年，桨栏路花市迁至太平路（今人民南路），双门底花市也同时迁至教育路、西湖路。

花市迁至太平路（今人民南路）后，花街从上九路口一直延伸到一德路口，花档在马路中间搭竹棚，行人分两边走，街口搭彩牌，与今天的迎春花市形式非常接近。后来，广州的城市人口渐增，各个区便分区开设花市。

广州之所以拥有“花城”的美誉，不仅仅是因为春节期间城市设立花市，还因为千百年来，花已经融入了广州市民的生活，种花、买花、赏花、逛花市成为一种生活方式，广州人通过花表达对于生活的乐观和热爱。花城说的并不是广州适宜种植花卉，而是花作为一种美好的象征，代表了生活方式与自然环境的完美结合。

人日（农历正月初七）游花地，是旧时广州的岁时风俗。志书载“花埭楼台绣错，群卉绮交。每岁人日，游屐画船，咸集于此”。岭南春来早，春节期间，牡丹、梅花、桃花、芍药、菊花、月季、墨兰、吊钟都已经开放，正是游花埭的大好时节。

荔湾与花城有着不解之缘，除了花市之外，还有花田。

芳村曾是花卉之乡，遍植素馨花，素馨花在广州花卉史上曾经就是花的代名词，就像洛阳人说起花来，其实就指牡丹一样，明末清初，芳村乡民多以种花为业，花田大者方圆上百亩，素馨花开的时候，花田一片洁白，像是下过雪一样，赏花人从荔湾坐船过来，船只络绎不绝、人流穿梭不息。

芳村的花地园林鼎盛于清代中后期，与西关的海山仙馆不同，花地园林以种花、养花、卖花、赏花为主，是名副其实的花园。过往芳村有大小园林三十多处，留芳园、醉观园、纫香园、群芳园、新长春园、翠林园、余香圃和合记被称为花地八大名园。各大名园均分布在花地河的南岸，以羊城八景的“大通烟雨”为起点，向西南伸延折入花地。

八大名园中，翠林园名气最大。道光五年（1825），两广总督阮元就曾光临过翠林园，并写了《游花田翠林园》诗，诗云：“茉莉开初歇，秋田菊又黄。林巢生翡翠，池渡野鸳鸯。埋玉香成土，栽花土亦香。何须问园主，自看碧筼筜。”

留芳园在大通寺西面，占地十余亩，园主姓梁名木，是新兴天堂圩人，留芳园以栽种牡丹出名，清光绪年间，留芳园由山东菏泽请来栽种牡丹的花农，达百人之多。

醉观园的园主梁炽权又名梁老八，也是新兴县天堂圩人。醉观园占地十多亩，靠近花地河，交通方便，与同乡经营的留芳园一样，醉观园也是栽种牡丹，昔日达官贵人、豪富巨商多到此选购牡丹，梁老八非常善于多元化经营，还利用幽雅的环境，办起了园林式酒楼——醉观楼。

纫香园的知名度来自文采，园主擅长传播，邀请德庆举人梁修，把园中的奇花异卉各赋一诗，形成“百花诗坛”，因而闻名羊城。

群芳园与诸多名人有着关联，园址本是东园的一部分，根据《番禺县续志》记载：“此处园林，均是昔日广州豪富潘氏有为之物业，取名东园。”是潘有为“栽树莳花为先大夫暮年怡情之所”。潘有为是同文行巨富潘振承的次子，虽然是富二代，但是他博学多才，于乾隆三十七年（1772）高中进士，曾参与编纂《四库全书》。

道光年间，诗人张维屏辞官归里后，也曾在东园小住，他在《东园杂咏》诗序中，记叙了该园之美：“园在珠江之西，花地之东，潘氏别业也……种成四季之花，炎氛消涤，树解招风，夜色空明，池能印月。”

花地合约街的观音庙前，昔日是花地的鲜花集市——花圩。新长春就在“花圩”的附近，主人黎超海，是顺德陈村人。观音庙的左手边是翠林园，主人卜耿裳，是花县人，一左一右两家花园都栽种牡丹和摆设花局，顺便推销其他花木。

合记的园主姓何，也是顺德陈村人，合记主要是种兰花。在花地的花园中，除八大名园外，还有翠香园、福林园、茂林园等等，这些园林在岭南盆景与园艺方面都颇有名气。

晚清之际，花地各名园都会在正月上元节、三月天后诞、五月端午节、七月乞巧节、八月中秋节、十月中元节及十二月下元节等节日摆设“花局”，类似今天的花卉博览会，展出各园名花及接驳的各种奇异花木，以招徕游客。这其中，据说醉观园的花局经常胜人一筹。

1956年，芳村的醉观园、留芳园、纫香园、文园园、翠林园、群芳园、岭松园、新长春园等花园进行合营，统一命名为醉观园，面积达33873平方米，以经营花木为主，1984年改为醉观公园。

新中国成立之后，芳村的花艺事业并没有止步，而是有了更大的发展空间，1956年广州市在茶滘建“广州百花香料厂”，进一步促进了芳村地区香花生产。1958年在东漖兴建大花园，占地24万平方米，是芳村最大的花园，以香花、绿化杂苗、果树种植和栽培盆景为主。

关于芳村和花地的地位，老作家秦牧生前最后一篇作品是为《岭南第一花乡》一书作的序言，在序言中，他做了详细的介绍：

“这个‘花地’，是广州传统上园艺发达之区，是‘花城中的花城’，是岭南第一花乡。经济发达的珠江三角洲，‘花乡’当然星罗棋布，花农当然高手辈出，但是像‘花地’这样历史悠久，声名远播，园艺大家如云，影响遍及国内外的地方，可仍然是十分稀罕的，把它喻为‘岭南第一花乡’，并非故神其说，而是实至名归。花地原名‘花埭’，壅土为堰叫作‘埭’，这一带地势低下，花农们要筑起小土坝，才好种花。它被人这样称呼着，逐渐就衍变成‘花地’了。该处村野，种花的历史是相当悠久的。早在十世纪的时候，地方小朝廷南汉在珠江流域立国，由于寺庙林立，香客们敬神需要大量鲜花，这一带的园艺就颇发达了。以后，从宋代到清代，栽花种果的活动越来越发形成规模。堤岸一带，更有专业的穿花姑娘帮助买花客人把鲜花串成花灯、花篮、花蝴蝶，花璎珞等，更添一番风情。清末，好些士大夫人家都在这个花乡营造园林第宅。例如张维屏、康有为等人就是例子。康有为留下了‘千年花埭花犹盛’的诗句，也足以作为这个花乡历史悠长的佐证。

“起初，花地栽种的鲜花主要是从国外传入的茉莉和素馨，以后，品种越来越繁。到了乾隆年间，《浮生六记》的作者，见闻颇广的沈复到花地游览的时候，也不禁惊叹：‘余自以为无花不识，至此仅识十之六七。’由于这个‘千年花乡’的吸引力，因此，广州的地方习俗中有一项就是‘人日’游花地，在这个日子里，繁华市区的居民往往扶老携幼，渡江到这个花气氤氲、姹紫嫣红之乡作一日之游，盛况几乎可以和年宵的云集花市相媲美。”

除了花城，荔湾毗邻珠江、岸线漫长，三江汇聚穿区而

一年一度的起龙仪式

过，留下了一个大岛——大坦沙岛，区内还有众多的河流、河涌、湖泊例如花地河、增埗河，包括人工开挖的荔湾湖以及亚运会期间揭盖复涌的荔枝湾等等，水利资源十分丰富，就风情而言，荔湾有着岭南水乡韵味。

岭南水乡的村落田野连片、河涌蜿蜒，还有独特的镬耳屋、古祠堂，与江南水乡在风貌上有着很大的区别。从生产方式上来看，岭南水乡大多是桑基鱼塘、水田蕉林，而亚热带温热的气候使得岭南水乡四季常绿、绿树成荫，村头参天的大榕树往往是岭南水乡的标配。

曾经，荔湾也是标准的岭南水乡风情，有着岭南水乡的气质。岭南水乡人家靠水吃水、依水而居，保留着水乡人特有的生活习俗，这是珠三角地区独具特色的自然生态与人文生态完美结合的产物。

不过，与顺德逢简、中山民众、江门古劳等珠三角水乡不同，今天的荔湾在城市中心，它的水乡韵味源自过往，因此，当下的风貌必然有别于乡村的水乡风情，荔湾是水城风情。就像荔枝湾的两岸没有乡村特有的蕉林、水田，有的是名人故居如蒋光鼐故居、小画舫斋，有粤剧艺术博物馆和荔枝湾大戏台。

水城的风情不同水乡，没有了村头的大榕树，没有了水田鱼塘，没有了渔歌唱晚，城内的水景是桥和井。古代的西关，有十井八桥之称，但沧海桑田、岁月更迭，遗留下来，只有传闻旧迹。

说到西关八桥，就要提一提钟启韶，过往西关河涌纵横、桥梁众多，河涌又以大观河最有代表性，大观河起于十四甫，自东往西流，经柳波涌再汇入珠江。西关河涌共有八座桥最为有名，分别是德兴桥、达观桥、义兴桥、永宁桥、志喜桥、三圣桥、蓬莱桥、汇源桥，这八桥因钟启韶的《西濠曲》和蔡士尧的《西关八桥竹枝词》而闻名。

汇源桥

为探骊珠一见招，相携桂楫与兰桡。金莲缓步花舟近，船泊西濠第一桥。

蓬莱桥

祝罢慈云礼善才，衣香人影上蓬莱。儿家自了烧香愿，为乞麒麟特地来。

三圣桥

苍梧嵩祝赛神君，百种梨园献技纷。士女如云四月八，第三桥畔蹴湘袖。

志喜桥

描金钿盒手中携，来问桥东与桥西。桥西月色珠江好，桥东山景白云齐。

永宁桥

第五桥踪迹可怜，桥头南望素馨田。沧桑人事多更变，坠髻横钗向紫烟。

牛乳桥

醍醐日日傍桥珍，胜却酥醪观里春。底事牛郎桥畔立，银河似盼织机人。

大观桥

桥心月夜灿流霞，桥外东西四大家。宴罢画堂归去晚，红灯双导降舆纱。

德兴桥

万派鱼龙舞绛宵，喧阗箫管杂云韶。爱他洪圣千秋会，赛过波罗第八桥。

钟启韶本人住在丛桂里，附近有志喜桥，站在桥上可以望到今天的湛露直街，因此有丛桂有坊含湛露之语。湛露直街是清同治年间广东最后一位状元梁耀枢曾住过的地方，岭南画派大师赵少昂的故居也是在湛露直街。

西关八桥，各有各的水乡风貌，清平路往北与十八甫西路交界处，曾是大观桥的位置，此桥又称达观桥，有七丈宽，是八桥里比较宏伟的一座。牛乳桥也称义兴桥，因为附近有人养乳牛，放牛娃站在桥底像是传说中的牛郎。永宁桥又叫三板桥，桥南是三角市，清代是一片素馨花田。

八桥还各有各的文化用途，蓬莱桥是求子的，汇源桥是游船河的，三圣桥是看粤剧的，永宁桥是赏花的。从桂坊南的志喜桥，是西关的一个观景点，站在桥上，可远眺珠江风景。但不是所有的桥都有如此风雅的使命，作为千年商都的桥，必然是用来聚合生意、和气生财的。

世事变迁，生意场上没有包赚不赔，一业已衰，一业即兴，风水总是轮流转，天下熙熙皆为利来，天下攘攘皆为利往，变的是行当，不变的是市场，从地名的变迁我们就可以发现商业的风雨给城市留下的印记。

德兴桥的特色是旁边有南海神庙，“爱他洪圣千秋会，赛过波罗第八桥”。清道光年间，在德兴桥头，即今天十甫路与十八甫路交界处，曾有专营缸瓦业的作坊，因此，地名缸瓦栏。西濠水运方便，直通珠江，南海的缸瓦商人用船装运陶器到广州贩卖，走西濠到德兴桥附近十分方便。

但是，旧时水利也有不利之时，道光十三年（1833），珠江洪水暴涨，淹浸众栏，平地水深近2米，受灾商民纷纷逃命，灾后，缸瓦栏就逐渐移到别处了。此后，这里被婚嫁仪仗行业的商人改为仪仗店、花店，经营灯笼、仪亭、伞灯、地色、飘色、彩桥、花轿、色马以及鼓乐吹打等，缸瓦栏的街名也就改为光雅里。

相比八桥，十井的变化也一样天差地别，大部分古井今天已经废弃、湮没在都市的高楼大厦中，至今尚能寻找到蛛丝马迹的古井已经不多，主要有珊瑚井、五眼井、星井等。珊瑚井也叫浮丘井，在原浮丘山石下，也就是今天的中山七路。井底泉在荷溪观音桥厚福街，水由地底沁出，后用数个大瓦缸插入井底，使得井水不能从旁边流走，只能由井底沁出。五眼井在华林寺前，为僧人所凿，至今仍在。日泉井在原来的青紫坊附近，今天是人民中路西侧的七甫水脚下，因太阳可以直射井里，故名日泉井。星井传说是晋代都督刘巨麟开凿，凿时井中有光，汲水时好像星星掉落井中，星井原在西来初地前、下九路星泉巷后。

相比桥的观赏性，井的实用性更强，当实用功能退化之后，观赏价值又暂时未能体现出来，井被淘汰的命运也就在所难免了。

卖猫和卖茶的商贩

千年商都之商人

“商都”是历史给予城市的荣耀，能称得上商都，离不开两个元素持续发挥作用，一是商人，二是商业。

说到商人离不开财富，十三行已经证明了广州商人在西关聚敛天下财富的能力，而粤商的能力远远不止西关一时一地，粤商至今在世界各地生根开花，结出丰硕成果，粤商的价值是在全球建立了一个商业网络。

广州被誉为“千年商都”而不仅仅是“千年商城”，其标志性的区别在于：广州一是中国古代商业文化进化的典范；二是曾经作为世界市场的枢纽，尤其是在“一口通商”的85年间。

“商都”是历史给予城市的荣耀，能称得上商都，离不开两个元素持续发挥作用，一是商人，二是商业。

说到商人离不开财富，十三行已经证明了广州商人在西关聚敛天下财富的能力，而粤商的能力远远不止西关一时一地，粤商至今在世界各地生根开花，结出丰硕成果，粤商的价值是在全球建立了一个商业网络。

对于以广州为代表的南方商业帝国，华东师范大学许纪霖教授是这样说的：“中原王朝所建立的，是建立在小农经济基础上自上而下的普遍王权结构。但在天高皇帝远的瓯闽粤，南方的海洋族群（温州人、闽南人、潮汕人、客家人、广府人等），有非常丰富的、自下而上的民间宗族网络。凭借这些扩张性的宗族网络，他们漂洋过海，移民海外，在整个南洋地区、后来延伸到北美，建立了一个全球性的华人商业贸易共同体。”

十三行之后，广州的商业网络不是官府构建的，而是一个个漂洋过海的本土商人，用人脉编织的，他们之间，以宗亲为纽带，以对故乡文化的认同为基础，因此，这样的“全球华人商贸共同体”有着强烈的文化色彩。

同样是在近代高速发展，上海也被认为是一座兼容并蓄的城市，不过，上海的文化地基与广州不同。“在近代中国，西洋文化最早是到广州，但广州在区域上属于岭南，与西洋文化冲突比较大，所以一直到今天，广州依然是一座充满南方情调的中国城市，而非世界主义都会”。许纪霖教授一针见血地指出了城市底色对于日后走向的决定作用。

财富之外，商人最重要的是什么？必然是商德。

早年的商人没有企业社会责任的概念，不过致富不忘回报桑梓却是一贯作风，做善事是尽社会责任的体现。做善事不仅仅是交钱了事这么简单，广州商人讲究亲力亲为，不但出钱，还建立善堂，通过组织运作，把善事一直做好。

正如梁其姿院士所言：“太平天国运动后……地方商人团体及其部分海外生意伙伴迅速取代了传统乡绅成为慈善运动的领导者。尤其在广州、上海等大型商贸中心城市，海内外的慈善家网络成为一个显著特征。”

中国没有欧洲国家那种以城市为基地、独立于国家之外的地区性社会力量构成的所谓市民社会，有的时候，商人承担起社会责任，填补地方官府遗留的空白。西关商人在这一方面发挥了最大的力量。

近代羊城商业史上，九大善堂声名显赫、影响广泛，九大善堂基本上以商人为主体，广州商人透过这些善堂，与各通商口岸的粤商、海外华侨建立了紧密联系。中山大学历史系邱捷教授认为：“商人控制的九大善堂，俨然是包括香港商人在内的所有广东商人的代表”。

在此之前，广州的慈善机构基本上都是“官倡绅办”模式，商人有权出钱却无权话事。至1911年为止，广州各类慈善机构在50家以上，大体可分为三种类型：官倡绅办的传统慈善机构，如普济堂（男老人院）、普济堂（女老人院）、育婴堂等；宗教团体所创办的义务教育机构、慈善医疗机构、孤儿院等；商绅自主办理的民间慈善机构，“九大善堂”即属于最后一类。

九大善堂很多都选址在西关，爱育善堂位于西关十七甫，1871年春，商人钟觐平、买办陈次壬等联手发起筹办爱育善堂，不久买下破产盐商潘仕成的大宅作为总部，吴炽昌这时刚好从上海回到广州，参与了爱育善堂的创建与章程设计。宣统《东莞县志》指出：爱育善堂“规模之大、积储之厚、捐输之广、施济之宏，尤前此所未有。”

爱育善堂是广州九大善堂之首，爱育善堂的选址和当时广州巨商潘仕成的破产很有些瓜葛，潘仕成除了拥有海山仙馆等物业外，住宅的规模也极大，横跨于今天的十八甫富善西街至富善东街之间，潘家大宅被没收后，按规定应出卖兑现以充盐饷，由两广总督瑞麟定价38000两银子。

如此大的房子，如此高的价钱，在当时的广州没有几个人能买得起巨富的大宅。适逢钟觐平、陈次壬等筹办爱育善堂，苦于没有堂所，只能暂借十三行会馆开展事务。听说潘宅出售，即向当局洽谈购买。潘仕成的欠饷因属盐务，便归两广盐运使钟谦钧来具体处理，陈次壬与钟谦钧是旧交，事情就好办多了。于是钟、陈联同十多位行商集资38400两银子购买了潘家大宅作为爱育善堂堂所，开展慈善服务。

崇正善堂位于西关第十甫，1896年由朱寅初、陈启沅、陈惠甫等设立。广仁善堂虽是戴鸿慈倡导，实际出资人却是七十二行商，七十二行商还开设了广济医院和方便医院，爱育、广济、方便也都是设在西关。光绪二十三年（1897），位于黄沙述善前街（今黄沙铁路南站旁）的述善善堂设立，办理赠医施药、施粥、赠衣等善事。光绪二十四年（1898）在广州西关第七甫（今光复中路）设立了明德善堂。至此，九大善堂全部就位。

善堂是民间自发组织，在创始初期，其经费主要来源于同人捐款，而行商的捐款又占了同人捐款的绝大部分。如爱育善堂成立后，先试办于洋行公所，得到各行商的支持，"各行认捐者每年六千两有奇"，从各堂的倡建总协值理芳名列来看，同人不仅包括善士，还包括大量行号，如崇正善堂在倡建总协理的名单中，以行号、堂号出现的，有银行忠信堂、米埠永安堂、油行明德堂等，数量远多于个人。

如何评价近代在生意场上风起云涌的粤商？

梁启超说："广东人于地理上受此天然优胜之感化，其剽悍活泼进取冒险之性质，于中国民族中，稍现一特色焉。"

与徽商、晋商、浙商齐名，粤商个性"剽悍进取"，不仅生意了得、头脑精明，赚得盘满钵满，而且热心公益、致富不忘乡亲；热心教育，兴办各种学校；绝不是小品中那些只会说广式普通话的小老板形象。孙中山当年发动推翻清王朝革命起义的经费，绝大部分来自海外粤籍殷实商人，他们的无私奉献给了辛亥革命最直接的动力。民国初期任广东都督的胡汉民曾说：“经过维新变法、预备立宪，通都大邑的商人势力增强，商人从四民之末成为四民之首。”如此评价广东商人，其内涵是丰富的，正如胡汉民所言，商人登场已经成为潮流的必然。

粤商如何评价自己？设在西关太平门外第七甫的《广东七十二行商报》在1907年8月4日创刊，发刊词历数粤商的种种光荣史：“各行省无不有粤商行店，五大洲无不有粤人足迹，其民轻巧活泼，好冒险习劳，最合营业之性质，由是观之，我粤省于历史、地理、物产、民俗上均占商界优胜之点，似非他省所及，谓为天然商国，谁曰不宜?”

富而好学，粤商发达之后，不是只顾着赚钱，而是将钱财用于振兴文化上。著名图书馆学家、潮州人周连宽在《羊城访书偶记》中谈道：“清季光绪年间，广东藏书家辈出，城南孔氏广陶的‘三十三万卷楼’和城北方功惠的‘碧琳琅馆’，最负盛名。然城西李文田的‘泰华楼’，若以宋元旧椠及明代史料而论，比之二家，实有过之无不及。”

清末，广州在全国享有盛名的藏书家多为巨富，四大藏书楼之中，除了万木草堂，都是富商所有。孔广陶是孔子第七十代孙，父亲以经营盐业致富，他的岳雪楼位于今天的太平沙，相传孔广陶爱书如命，岳雪楼号称藏书三十三万卷，所以孔广陶又将它称作“三十三万卷楼”。

潘仕成在荔湾海山仙馆藏书数量难以精确考证，但其刻书、刻石则轰动一时、流芳后世。他运用雄厚财力搜购古今善本、孤本，选优编纂成《海山仙馆丛书》，精工雕版印行，以“公天下而传后世”。并从清道光九年（1829）起，耗费37年，将所藏历代名家手迹、古帖，择优摹刻勒石1000多方。这些刻石今天大部分已经散佚，只有记录往来书信的《尺素遗芬》，还有一部分被保存下来，现收藏在越秀山上广州博物馆的碑廊里。

由于兼涉中西的独特眼光，潘仕成在《海山仙馆丛书》里收入了许多当时传入中国的西方著作，比如欧几里得的《几何原本》《测量法义》，意大利传教士利玛窦的《同文指算》《寰容教义》，英国医生合信所著的《全体新论》，德国传教士汤若望的《火攻挈要》，等等。根据专家统计，500卷《海山仙馆丛书》中，新学书籍占了四分之一，这在当时是绝无仅有的。

西关富豪除了潘家热衷藏书、刻书，伍家也不甘人后，伍秉鉴的儿子伍崇曜在白鹅潭畔建起粤雅堂，其好友谭莹为清末举人，熟悉地方掌故，凡粤人著述，都尽力搜罗来研读。在谭莹的劝说下，伍崇曜广集粤人著述，选择书坊罕见版本，延聘谭莹担任编辑进行考证修订。粤雅堂先后刻有：《岭南遗书》收入岭南先贤著述4集，总59种，348卷；《粤十三家集》182卷；《楚庭耆旧遗诗》74卷；《粤雅堂丛书》180种千余卷。此外，还翻刻元本王象之《舆地纪胜》200卷，总数共2400余卷。《粤雅堂丛书》卷帙浩繁，堪比《海山仙馆丛书》，包罗了唐、宋、元、明、清多个朝代上百种的文献，堪称巨著，从中可足见伍家藏书之丰，尤其在保存岭南本土文献方面居功至伟。遗憾的是，粤雅堂最后毁于大火。

家住西关又乐于藏书的，除了巨富还有退隐官员。李文田是顺德均安人，晚清著名史学家、金石学家、书法家和藏书家。咸丰九年（1859）会试一甲三名进士即探花，光绪四年（1878），李文田在西关多宝坊筑起一座占地面积约4000平方米的六便过大屋（今广州十五甫小学校址一带），以安顿家人，人称“探花第”。

李文田在江西学政任上曾购得秦《泰山石刻》宋拓本和扬州马氏小玲珑馆旧藏汉《西岳华山庙碑》宋拓本（断本），于是各取《泰山石刻》和《华山碑》首字，将其藏书楼命名为“泰华楼”，并自题联曰:“大开窗户纳宇宙，闲拂尘埃勘鼎钟。”既有大宅又有闲暇做自己喜欢的事情，这样的境界简直就是文人的梦想。

泰华楼藏书以珍稀碑帖最为著名，两个拓本乃世所罕见。李文田谙熟辽、金、元史事，收藏三朝石刻甚多。在李文田去世之后，1929年，蔡元培来广州还到泰华楼，索读李文田朱墨校本《国榷》百卷及《罪惟录》百廿卷，李文田可以说是蔡元培的伯乐，李文田为浙江乡试正考官之时，蔡元培参加浙江乡试，被李文田赏识，中了举人。

买书、印书，这与财力有关，写书、写诗，这就与才力有关了，西关富豪不乏善于舞文弄墨之人。文昌北路耀华大街30号，是南海横江名门黄咏雩的故居，正面两根高8米的罗马柱相当有气势，绿色意大利批荡使其与众不同。黄咏雩，是个传奇的人物，集商人、诗词人、教育家于一身，“商业救国、教育兴邦”是其一生的理想，他的诗词名扬岭南，创办的学校福荫后世，南海人对他的评价是“文著南粤，德养后人”。

黄咏雩并不是黄家唯一德才兼备的商界翘楚，他的父亲黄显芝（1866—1953）自广州米糠行商会成立后，一直担任商会主席，1921—1928年间，曾多次出钱出粮支持孙中山领导的民主革命，国民政府曾颁授“爱国殷商”称号和“急公乐善”牌匾予以褒扬。到1927年黄显芝卸任，由其第四子黄咏雩（1902—1975）接棒，黄咏雩便住在耀华大街30号。

近代西关大户人家并非都是埋头经营利禄，其中热心公益、擅长诗词的不在少数，黄咏雩曾任爱育善堂整理委员会主任、广州河南仁丰米机厂经理、广州第二粮食加工仓储股长等职。爱育善堂是钟家花园主人钟觐平与人合办的慈善机构，主要作用是为穷人免费提供衣食。黄咏雩爱好收藏，还有“南海诗人”的美誉，早在二十世纪二三十年代，即以诗词著称于岭南文坛，与黄祝蕖、黄慈博、黄任恒并称“四黄”，著有《芋园诗稿》《天蠁词》。家庭的氛围一直影响到了孙辈，著名旅加画家黄中如、黄中羊是黄咏雩的孙辈，自小也是居住在耀华大街30号。

十三行并非广州城市自我发展的结果，而是异质文化切入本土文化的结晶，能够在十三行谋生，首先的条件就是懂英语。19世纪初，广州懂英语的人寥若晨星，会说英语是一种谋生的技能。荔湾名中医卢仲良的祖父卢荣昌12岁从顺德来到广州沙面打工，因诚实和拾金不昧，为英国人赏识，学会了英语，当上了中国早期的翻译和导游，为来广州经商的英国人担任翻译。从此，卢家的命运因为英语得以改变，卢仲良的父亲卢谱光跟随自己的父亲卢荣昌做翻译工作，卢仲良后来考上了京师大学堂也是学习英语专业。

正因为处于文化的交锋处，十三行的动荡是必然的，能够同时驾驭清廷官员和各国洋商，才能在十三行站稳脚跟，在当年的中国，这样的人才凤毛麟角。那时候，十三行中并没有很多广州人，能成气候的多数是福建人，他们带着梦想从家乡来到西关，成就了非同寻常的人生伟业，他们个人的传奇经历和他们公司的传奇故事一样，前无古人、后无来者、无法复制。

“一口通商”时期，十三行之中的领头羊“潘、卢、伍、叶”并称四大家，比较早并称四大家的可能是嘉庆、道光年间的文人李长荣。李长荣在《柳堂师友诗录》里记述了潘氏家族的文化建设成就：“二百年来，粤东巨室称潘，卢，伍，叶，伍氏喜刻书，叶氏喜刻帖，君家独以著作传。”李长荣眼光独到，以著述论英雄。

此后，“潘、卢、伍、叶”并称四大家的说法被多人引用，黄仁恒的《番禺河南小志》、梁嘉彬的《广东十三行考》都有说到，《广东十三行考》是这样排序的：“而粤中父老相传，嘉庆年间十三行行商以潘（同文）、卢（广利）、伍（怡和）、叶（义成）为最大；证之《达衷集》卷下，页一七〇潘致祥、卢观恒、伍忠诚、叶上林四商之次序，及《粤海关志》卷二五，页一三〇嘉庆五年间行商排列（首为同文，次为广利，次为怡和，又次为义成）；可知所传之不谬。……按叶氏承充行商系始于乾隆五十七年（1792），至嘉庆七年（1802）遂退办行务，然其子孙屡代仍服贾广州。”因此，非常明确，潘、卢、伍、叶四大家族并列广州富豪榜前四名，也就是先后十年左右时间。

作为中国当时最大的外贸公司——同文行，潘启家族的主要人物在广州“一口通商”的85年间担任洋商首领达39年之久，在垄断外贸体制的庇护下，潘启家族几十年间迅速发展成为一个大家族，潘启的儿子潘有度和孙子潘正炜也先后担任行商首领，这即便在十三行中也是绝无仅有的。

1738年以前，“家贫好义”的福建人潘启来到广东，前往东南亚的吕宋岛做生意，随后寄居广东，先在一家洋行中打工，后“跳槽”出来自立门户创办同文行。1776年，潘启在河南购地建房，立祠开基，并捐千金修桥，“在户部注册，报称富户。”这就是潘启的创业史。

潘、卢、伍、叶四大家族中，只有广利行的卢观恒不是福建人，他来自新会，广利行生意失败，欠下巨债，卢家人也都返回新会老家，从此烟消云散。

伍怡和家族来自福建，康熙初年入粤。伍氏入粤以后从事商业，到了伍国莹这一代，开始参与对外贸易。伍国莹

（1731—1810）早先在潘家的同文行当账房，积累了经验与财富，在老板的鼓励下，1783年，伍国莹自立门户做行商，伍国莹被外商称为“浩官”。伍家因为是在潘家打工出身，所以，发迹稍迟于潘家，然而后来居上超过潘家。1834年，伍家资产约有2600万两白银，被西方称为当时“天下第一富翁”。2001年，美国《亚洲华尔街日报》将伍氏商人评为千年来全球最富的50人之一。

伍家诸多能人中，以伍秉鉴与伍崇曜最为著名。他们在任行商期间，同欧美各国的重要客户都建立了紧密的联系。当时，中国最著名的出口商品就是茶叶，而且欧洲人对茶叶质量十分挑剔，但伍家所供应茶叶却被英国公司鉴定为最好的茶叶，并标以最高价出售。1813年，怡和行取代同文行成为广州十三行的领头人——总商。

义成行创始人叶廷勋（1753—1809）原籍福建漳州，因为家境贫困而出门经商，义成行创设于嘉庆元年（1796），因叶廷勋诚信经商，生意日益兴隆，西人称之为仁官，后晋封资政大夫、诰授中宪大夫，钦加盐运使司盐运使，晚年号荔湾渔者，可见他对于西关的眷恋与热爱。

叶廷勋可以称得上是富豪之中的诗人，他做了《广州西关竹枝词》十首，描写西关的新鲜事物和风土人情：“艳说名花是美人，素馨名字唤唆来频。花田旧址无花种，花月花魂认化身。”“西园春事剧繁华，春到园林处处花。花事一随春色去，朱门休问旧人家。”

叶廷勋的时代，是十三行最风光的时代，他去世后几十年，暴风雨横扫珠江两岸，将旧日繁华吹入伶仃洋中，因此，在《广州西关竹枝词》中，他展示了200多年前西关的蓬蓬勃勃、新鲜火辣：“映日玻璃光照水，楼头刚报自鸣钟”“人传今夕山歌会，试问黄沙去也无”“阿姨家近绣衣坊，嫁的闽商惯趁洋”。这些景象成为我们了解当年历史的一面镜子。

闽商在十三行时代，可以说是首富的代名词，荔枝湾海山仙馆是潘仕成所建。嘉庆、道光年间，也就是19世纪初的十几二十年，潘仕成开始在西关荔枝湾修建梦中家园—— 海山仙馆。

潘仕成（1804—1873）字德畬、德舆，祖籍福建漳州，世居广州，是晚清享誉朝野的官商巨富。潘仕成先祖以盐商起家，他继承家业后继续经营盐务，潘仕成一生主要在广州度过，他既经商又从政，既好古也学洋，既是慷慨的慈善家，又是博古通今的古玩、字画收藏家，他还出资自行研制水雷，从国外引进牛痘，获得官员和民众的普遍赞誉。

十三行诞生在那个闭关锁国、信息极不发达的排外年代，注定是悲剧命运，每当出现中外对立，十三行必然是市民用来表达愤怒的首选之地。道光十八年（1838）十二月二十日，两广总督邓廷桢主持禁烟，就是将烟犯押解至十三行洋馆前处决。当时，英美商馆的鸦片贩子竟捣乱刑场，激起广州人民的极大愤怒，上万群众包围商馆，拆毁木栅栏，以砖瓦石块打碎商馆窗户。

一直到同治年间，沙面成为租界，十三行才硝烟散去，不再是商场和战场。

中外商人在洋行洽谈生意

千年商都之商业

用商业语言对话世界，是十三行的历史经历，也是它的宿命和使命，假设没有十三行发挥作用，广州还是否能称为“千年商都”？假设广州延续明朝的资本主义萌芽状态，继续扩大国内贸易，也许和历史上的佛山一样，成为内陆商业的“四大聚”之一，而不是两千年不变位置的世界大港，十三行把广州往深蓝贸易的海洋中又推进了数千海里。

说到广州“千年商都”的文化地位，就不能不提到十三行，十三行是大清帝国闭关拒外的产物，也是历史潮流不可抗拒的结果。贸易改变了世界，也必然改变中国，西关十三行是19世纪中国承接这一改变的平台。

回顾中国文化史，17世纪清朝一统江山之前，对中原农耕文明产生威胁的，是北方马背上的游牧文化。17世纪清兵入关，游牧文化与农耕文化水乳交融、合为一体，来自北方的威胁彻底解除，其后对中原文化能够形成冲击的，就剩下西方列强的海洋文化了。

用商业语言对话世界，是十三行的历史经历，也是它的宿命和使命，假设没有十三行发挥作用，广州还是否能称为“千年商都”？假设广州延续明朝的资本主义萌芽状态，继续扩大国内贸易，也许和历史上的佛山一样，成为内陆商业的“四大聚”之一，而不是两千年不变位置的世界大港，十三行把广州往深蓝贸易的海洋中又推进了数千海里。

“千年商都”美誉在西关的发扬光大，表现为几个特征，第一是商业思维的发达，生意人的逐利而行，使得西关成为一个工商业强区；第二是商业法则的通行，十三行商人讲诚信重合同，游戏规则不仅适用国内商人，也适用外国商人；第三是商业市场繁荣，没有生意兴隆、财源茂盛、车水马龙，怎么可以称为商都？

西关不仅是宜居之地，也是宜业之地，荔湾的工业是与商业一起发展的。广州织造业起步较早，得益于“一口通商”，海外对于丝绸的强烈购买力，推动着清朝广州丝织业日臻成熟，与江浙等地的产品展开竞争。清初，广州纺织作坊有2500多家，工场多聚集于上西关一带，医灵庙、金花庙、西禅寺一带几乎清一色是机房，今天，我们从麻纱巷这些地名依旧可以遥想当年织造业繁荣的盛况。广州所产丝织品因质地精美而为海外消费者青睐，雍正年间的《广东通志》载：“粤缎之质密而匀，其色鲜华，光辉滑泽……金陵，苏杭皆不及。”

位于荔湾区的锦纶会馆印证了广州纺织业的繁荣，清朝，广州全盛期拥有纺织手工业工人三四万人，康熙、雍正年间已有丝织商铺数百家。随着从事丝织行业的商铺和工人越来越多，行业管理结构应需而生，老板们捐资兴建了广州丝织行业东家会馆——锦纶会馆，当时出资修建锦纶会馆的共有1338个商铺号和个人。

锦纶会馆是广州唯一保留下来的丝织行业东家会馆，会馆在乾隆、道光年间经过几次扩建，从《重建锦纶行会馆碑》提到的线纱行、洋货敦仁行、洋货接织行、朝蟒行、宫宁线平行、金彩接织行、素线接织行、元青接织行、花八丝行、接织洋货行等行捐资情况，可以看出，当时清代广州丝织品的生产不仅规模相当大、产品种类丰富，并且在生产的组织上条理清楚、分工细致，多次的捐资兴建更说明这些商号的财力在当时十分雄厚。

大规模、现代化的工业区出现在广州要追溯到陈济棠时代，是在荔湾区的西村、西场，在此之前，荔湾也出现了私人营办的机械加工厂。陈联泰机器厂是1876年由广州富商陈廉川在荔湾十八甫创办的，陈联泰机器厂从香港购买机器，从事轮船修理。陈联泰的儿子陈子卿由福建船政学堂毕业后，陈联泰机器厂在他的带领下开始仿造外国蒸汽轮船，先后制造了“江波号”等小轮船7艘，这是广州民营近代造船业的先声，生意的气息浸泡了广州千百年，在西关，比起城墙之内，商业法则通行得更为顺畅，商业法则的第一条就是公平交易，用钱或物等价购买所需商品或者服务。

这样的法则对于外商同样适用，道光二十三年（1843）十一月二十五日，英商与十三行的怡和、广利、同孚、义堂、天宝、东兴、顺泰等行商签订租地草案，租期25年，年租金各约6000元洋银。租地范围：东至西濠口，西到新荳栏街，北到十三行街，南到珠江边。是年，双方协议，将十三行英、美商馆间的新荳栏小巷租给英方，每年地租300元洋银，另补其中房屋价钱3000余元洋银，使英、美两国商馆联成一体。

洋商通过钱解决了场地的问题，随之而来的便是各种西洋景在这片温床上繁衍出现。轮船出现了，报纸出现了，银行出现了。英国“魔女”号、怡和洋行的“海盗”号、美国的“财神”号轮船开始先后定期航行于香港与广州十三行之间，装运邮件、货物，乘载旅客。同一年，《中国丛报》从香港迁回十三行，该报1832年创刊于十三行，鸦片战争期间迁往香港。道光二十五年（1845），英商丽如银行在广州十三行设立办事机构，成为第一家在中国设立办事机构的外国银行。

西风东渐，并不是一帆风顺的，前所未有的变故出现在家门口，不适应与不协调是必然的反应，回顾道光、同治、咸丰三朝，两条线索交错出现在西关，一条是新生事物不断涌现在荔湾；另外一条线索，中西之间尤其是市民与以侵略者姿态出现的洋人之间，对立冲突不断。

除了商人，商业的繁荣对于千年商都尤为重要，西关有多条街道是商品的专业街，货如轮转，辐射华南甚至全国，在19世纪前50年，广州因为西关而成为世界的商贸中心。

广州的商贸繁荣源自古代海上丝路，特别是清乾隆年间独留广州一口对外通商后，全国对外贸易的商品都要运到广州出口，广州作为中国商品贸易中心的地位一直维持到第一次鸦片战争后。当时，以十三行为中心，海外商品贸易的辐射范围扩展至华东、华北、华中、西南各地，福建、浙江、河北、山西、陕西、甘肃、四川、广西、贵州、湖南、湖北、江西、河南等地的茶、丝、瓷、布、药都要经广州出口，货物种类80多种，进口商品主要是呢绒、棉花、洋布、钟表、洋米等。

在垄断中国外贸业务的85年里，为扩大经营范围适应国内外贸易的需求，广州商人生产和经营的方式主要有四种：一是包买商制，类似今天的来料加工，商人卖给小生产者原料，收购其产品；二是商人雇主制，也叫散工制，小生产者从商人处领取原料进行加工，按期交纳成品，赚取的是加工费；三是工业领域的商人设场（矿）制，商人开设工场、矿山进行冶铁、造纸、制糖等简单工业生产，雇佣工人进场（矿）做工；四是租地经营，在农业生产领域，租借土地、雇用农工，种植茶叶、果木、蔬菜等经济作物，把种植、加工、运销联合一起经营。

广佛两地在同一时期，担负的流通功能有所不同，也表现为两地的拳头产品各有不同，佛山是国内贸易的重镇，号称“四大聚”之一，拳头产品以铁器、药品为主，铁器、中药的主要市场也是在国内。广州以外贸为主，广货主要是广彩、广绣、牙雕、广作（红木家具）、藤器等。

商业的兴旺既包括批发的兴旺也包括零售的兴旺，自十三行时期一路延续下来，至今商脉绵绵不断，民国初年，西关已经铺开了一张分工明晰、辐射力强、专业化高的商业网络，每种商品都在西关成行成市，而且形成一条街集中经营的模式，不仅是商家而且市民都可以到商品一条街选购。

十三行后面的浆栏路，过往是医药业老字号一条街，据《广州市志医药志》《广州商业行名录》等资料记载，民国时期，浆栏路上的中成药行约有50家，今天依然可以寻觅到岁月留下的痕迹。

浆栏路17号是李众胜堂旧址，李众胜堂创始人李兆基在佛山祖庙大街卖凉茶起步，以“保济丸”发家，当年有“北

广州外销画描绘的商行收购生丝

有六神丸，南有保济丸”的美称，浆栏路17号是李众胜堂佛山总店的分店。直到今天，依然有人保存着一瓶李众胜堂“万应保济丸”的旧物，瓶塞蜡封，未启用，药丸呈红色，红色标签上面特意标明“分栈在省城浆栏街”、“老铺佛山祖庙大街”，商标为“李众胜堂”。

浆栏路29号是天良堂旧址，天良堂擅制“人参膏”，今天的浆栏路29号外墙变成了灰色，山花原来的“良”字也被抹去，不过尚能依稀辨认旧迹。浆栏路44号原先是回春阁的店面，原本窗户下面有清晰可辨的名称，现在已经彻底消失了。长乐路44号是梁培基药房旧址，经过清理，原本模糊的字迹现在突显出来，很多街坊知道这里曾是耳熟能详的梁培基药房。

浆栏路61号是张济堂旧址，114号是敬和堂旧址，42号是生隆昌旧址，46号是位元堂，59号是杏林堂，68号是黄祥华如意油总店，93号是黄耀南老药行，广州市登记保护文物单位万源堂参茸行旧址，也坐落在浆栏路的西荣巷2号。

参茸、中成药是浆栏路的主打产品，多数药铺卖的是补药、参茸、燕窝，一条街上药铺众多，竞争激烈，但家家都有自己的独门秘方、拳头产品，例如位元堂卖养阴丸，顾客来保滋堂是为小孩买保婴丹，梁培基药房的“爆款”是发冷丸。来买药的不仅有广州的市民、珠三角县乡的人，还有东南亚的华侨，华侨将浆栏路中成药发散到东南亚、北美和大洋洲。

位元堂是当年的出口药材大户，“位元堂”创办于清光绪二十三年（1897），由出身官宦世家的黎昌厚联合几位志同道合的人士创办，“养阴丸”是潘厚存经过多番研究创制而成，潘厚存也是位元堂的创始人之一。广州是当时进出口药材的主要集散地，核心地位维持了上百年。出口销售以越南、泰国、马来西亚、菲律宾、新加坡等地为主，中成药行当中，位元堂、保滋堂、陈李济等都是名牌产品和出口大户。

这就是为什么浆栏路上有许多佛山中药老字号的原因，黄祥华创立太和堂销售万应如意油时间已久，老铺原来在佛山文明里，19世纪末又在浆栏路设有分铺，制售膏丹丸散及药酒共10余种，浆栏路的辐射力强帮助黄祥华万应如意油招牌成为金字招牌，后来，太和堂在上海、新加坡等地均设有分铺。

不仅是佛山的药商要来到浆栏路抢占制高点，就连香港的药商也不能失去这个商业高地。黄耀南药行的创办人黄耀南曾在香港行医数十年，1865年开始在中环士丹利街设医馆，销售秘制的祖传普救丸，商标是“仙翁炼丹”。1936年，黄耀南药行在广州浆栏路设分行，销售普救丸、男女健身补品共数十种。

作为中成药、参茸补品一条街的浆栏路，其威名已经消失在都市的喧嚣之中，今天的浆栏路是服装批发一条街，旧去新来，荔湾仍然不乏全国闻名的商贸一条街，从上九路向西，经过下九路到十甫路，这是近代广州的美食一条街。直到今天，上下九和十甫路依然是老字号食肆的集中地，上下九还有银记、陈添记、伍湛记、欧成记等许多老字号，上下九、十甫路的美食美名衍传至今、名不虚传。

位于十甫路的莲香楼，起源于1889年的一家糕点店，以莲蓉食品著称，招牌“莲香楼”三个大字，出自清末南海翰林大学士陈如岳之手。离莲香楼不远的陶陶居，顶部有一个二层的小亭，创办于清光绪年间，是月饼“泰斗”，也是广州最有名气的茶楼之一。广州酒家总店位于下九路与文昌南路交界处，此地原是南海西庙，供奉洪圣大帝，又称洪圣庙。酒家始创于1939年，当时是由商人陈星海和余汉谋合股创办的西南酒家。清平饭店，位于上九路，始创于1964年，清平饭店以清平鸡著称，在此之前这里曾是天元茶楼、四时春饭店、新华饭店。 上九路10-14号的荣珍酒楼，保存比较完整，外面仍是民国茶楼的特点。解放初期，这里曾用作生产日用品的工厂。位于十甫路159、161号的新华书店，原是西如茶楼和成珠酒家。

历史不会忘记商业给城市留下的印记，在广州，几百年前就有了同一行当或同一商品成行成市扎堆一地集中经营的现象，这些地方后来变成民居，仍沿用原名，浆栏路就是这样来历，它原先的作用是制售木浆等船用品的专业街，类似的街道还有米市路、杉木栏路、西猪栏路、梳篦街、麻行街、扁担巷、柴栏巷、卖麻街等。当然，活鸡的交易地就叫鸡栏街，鸡栏街至今仍在，它位于荔湾区康王路和杨巷路之间，长128米，与文化公园之间隔着一条桨栏路。现在鸡栏街、桨栏路以及与周边的和平路等都成为了服装类网店的集散地。

商业的繁荣带来市场的细分。

光绪年间，广州商业、手工业经营行业细分发展到七十二行以上。日用品业就有土丝行、洋庄丝行、花纱行、土布行、南海布行、纱绸行、上海绸布帮行、匹头行、绒线行、绸绫绣巾行、故衣行、顾绣班靴鞋行、洋杂货行、电器行、香粉行、磁器行、潮碗行、靴鞋行、书籍行、金行、玉器行、玉石行、牛皮行、铜铁行、颜料行等。主副食品业有米埠行、酒米行、糠米行、澄面行、鲜鱼行、屠牛行、西猪栏行、菜栏行、油竹豆行、白糖行、酱料行、花生芝麻行、鲜果行、海味行、茶叶行、酒行、烟叶行、烟丝行等。还有相适应的服务行业如酒楼茶室行、报税行、北江栈行、北江转运行、燕梳（保险）行、南番押行、下则押行（帮会组合的典当行业）等。

很多行业也都和中成药行一样选择一地集中经营，例如屐业在珠巷也就是今天的珠玑路，中医在龙津路、和平西路，锡器在今天的和平东，绸缎在下九甫，凉茶店在带河路，绒线在上九甫，药材是豆栏街，报馆在第七甫，纱绸行在打铜街（光复南），印书店在第五甫，玉器在长寿圩，刀剪利器在第三甫，颜料在太平桥，酸枝台椅在西来初地，鞋

商业兴盛，中外共享

业在大观桥，纸料爆竹在长乐街，等等。

西关老字号遍布各行各业，有百余个，这些老字号曾经叱咤风云，都是响当当的名牌，像广生行后来演变为上海家化，至今仍然影响着商业市场。历经抗战、迁徙、家变、天灾之后，大部分老字号都已经改行歇业，长久不为人知了，留存下来的记忆也不多，我们今天所知道的，如服装行业的亨利、金城、信孚、文华；针织业行业有周中亚、周艺兴；鞋业有容安斋、罗奇生、联芳、时和。

饮食行业西关老字号比较多，例如富隆、西如、多如、添男、庆男、三元、正心、太如、天元、文园、谟觞、颐苑、玉波楼、半瓯等，这里有酒楼也有茶楼，幸存下来仍然经营的是广州（西南）酒家、陶陶居、莲香楼等。卖茶叶的商家有英记、天香、生茂泰；卖酒的商家有人和悦、陈太吉、三合、永利威等；卖糕点的商家有马玉山、知利民、安乐园、显记、随园、品芳斋（华山）、宜雅斋、广茂香、敬义信等。食品商家则有佳栈、八珍、大元、晏行、悦来、万栈及皇上皇等。

皇上皇的历史比较短，创办于广州被日寇侵占时期，创始人谢昌原本只是一个名不见经传的腊肠小贩，通过借鉴大哥谢柏的“八佰载太上皇腊味”，开创了自己的“东昌腊味店”，到了1943年，改为“东昌皇上皇腊味店”，至今仍在经营。

永利威始创于1876年，目前在香港还有经营，主要产品是永利威五加皮、永利威玫瑰露及其他系列酒。马玉山饼干的创始人马玉山（1878—1929）是中山三乡人，清光绪二十六年（1900）到菲律宾创业，1911年辛亥革命成功后回到广州，后在香港开办马玉山糖果饼干总公司，相继在新加坡、广州、上海、北京、天津等地设分支机构，以“马玉山糖果饼干”畅销国内外。

化妆品有广生行、胡瑞峰、百家利、三凤等。广生行是南海人冯福田1905年在香港创立的，早年冯福田在广州经营化妆品，后来，广生行转战上海，广生行也是上海家化的前身。

西关文具笔墨的老字号有詹成圭、六雅轩等等。詹成圭是典型的外来户，詹家是婺源徽墨名家，家传制墨已经延续了几百年，网点遍布全国各地。钟表维修有李占记，“李占记”的创始人叫李兰馨，1912年起他先后在香港、广州、澳门开设多家李占记钟表行，号称粤港澳李占记，以擅修名贵高档手表而享有盛誉，广州李占记创建于1915年。

西关是商业旺地，除了老字号、传统行业喜欢在此扎堆经营，新兴行业、新兴企业也是选择在西关成行成市，太平南路被称为民国时期的广州华尔街，说明这条路上银行多过米铺。光绪三十四年（1908），大信银行在广州开业，标志着广州华资商业银行的诞生。大信银行通过收集归国华侨、侨眷、粤商等民族资本成立，采取股份公司的组织形式，制定章程，每年向股东报告。

此后二三十年间，在广州的华资商业银行达到37家，可以分为三大类：第一类是总行设在广州的商业银行，例如大信银行、远东实业储蓄银行、广东储蓄银行、嘉华储蓄银行等共9家；第二类是总行设在粤港而在广州设立分支机构的商业银行，例如总部设在香港的广东银行有限公司，总部设在海口的琼崖银行，总部设在鹤山的民众银行等共7家；第三类是总行设在外省而在广州设立分支机构的商业银行，例如新华信托储蓄银行、聚兴诚银行、重庆商业银行等共19家。

这里面，有15家银行是在太平南路（今人民南路）营业，占广州华资商业银行的40.5%；19家总行设在外省的商业银行中有12家行址设在太平南路，占外省驻穗华资商业银行的63.2%；从抗日战争胜利到广州解放，广州新增的12家华资商业银行中的9家把行址设在太平南路，占比为75%；广州解放初期，能在广州坚持正常营业的7家商业银行中有4家行址是在太平南路，占比为57.2%。如此众多的商业银行总部扎堆在这个长度不足千米的路段，在中国近代商业银行发展史上实属罕见，使太平南路成为民国时期广州名副其实的“华尔街”。

民间崇拜、源远流长

家族：不散的荣耀

在古时中国，有耕读传家的传统，岭南大地也不例外。耕读传家的含义不是谋生糊口、安家立命这么简单，家族的传续一是生命上的传宗接代，二是精神上的文化传递。两者都以兴旺发达为诉求，具体内容因家而异，包含种族的繁荣、教育的昌明以及财富的增长等等。

从母亲为我们唱第一首童谣《月光光》开始，城市文化就源源不断通过家庭这一社会组织来延续它的传统，当然，家族需要我们去延续的远不止童谣那么简单。

在古时中国，有耕读传家的传统，岭南大地也不例外。耕读传家的含义不是谋生糊口、安家立命这么简单，家族的传续一是生命上的传宗接代，二是精神上的文化传递。两者都以兴旺发达为诉求，具体内容因家而异，包含种族的繁荣、教育的昌明以及财富的增长等等。

基因遗传是生命的秘密，而文化精神的传递却有赖于人的努力。“耕”只能解决生存的问题，“读”才是最重要的，它解决发展的问题，家族精神没有实实在在的荣耀作为基础，便无从发扬光大。后代在精神上对祖先的尊崇，是因为祖先的辉煌业绩，没有荣耀的家族，文化就失去了历史感，后代也就失去了讲述的兴趣。

在珠三角，家族荣耀是丰富多彩、各式各样的，传统的学而优则仕在西关人家依然有着稳固的吸引力，近代荔湾，文澜书院云集了一批这样旧时代的宠儿，梁鼎芬、邓华熙、李文田、梁耀枢、谭宗浚都是科场的骄子，他们退隐之后都住在西关，繁衍着各自的家族。

千年商都不用说有着商都的传统，再向前追溯得久远一点，潘、伍、卢、叶四大家族富可敌国，是广州行商中的翘楚。

以伍家为例，发家的第一代人物伍国莹（浩官一世）原本在十三行总商——潘家的同文行做账房，后来才“自立门户”独立创业，于1783年创办怡和行，短短三年，怡和行在二十家行商中跃居第六位，伍国莹可谓怡和行“帝国”的奠基者。

第二代伍家的代表人物是伍秉鉴（浩官三世），伍秉鉴是伍国莹的第三个儿子，经营怡和行长达30多年，到19世纪30年代，伍家的资产已达到2600万银元，并搭建起了一个庞大的海外投资网络，这一网络持续70多年，一直在向伍家提供滚滚财源。

每一个大家族中总有一些运气不好、英年早逝的继承者，伍元华（浩官四世）是伍秉鉴的儿子，算是怡和行的第三代操盘手，伍元华不幸于1833年去世，终年才33岁。运命的起伏到了伍崇耀（浩官五世）这里，又把伍家的气数带上了一个小高峰，鸦片战争后，十三行垄断中国外贸的局面终结，伍崇耀“转型”为买办商人。伍崇耀在经营生意的同时，还致力于搜集历代典籍，并在白鹅潭畔修筑粤雅堂，刊行近60种书籍。

家大业大需要不断有人挺身而出承担维护家业的重任，这并不是一件容易的事情，也正因为如此，家族延续经年的荣耀才更珍贵。伍家到了后来也就没有了中流砥柱之才，第六代伍德彝是一位颇有造诣的书画家，年少时曾师从居廉学画，诗词也佳，著有《松苔馆诗抄》与《浮碧词集》，他晚年时家道破落，他个人已经无力回天，因而生活潦倒，伍家从此辉煌不再。

另外，时代在变，潮流也在变，领风气之先的西关人家最先感受到大潮的奔涌，留洋归来报效祖国也是一种荣耀，工程师詹天佑、医生黄宝坚都是其中的佼佼者。

邓华熙的孙子邓又同先生晚年撰文回忆西关大族时提到名医黄宝坚，邓又同没有讲述黄宝坚的医术也没有提及他追求梁少卿的风流，而是赞美黄家的美食品位："治馔第一，任何酒家无与伦比。"黄宝坚家里专门配有厨师，他的二夫人梁少卿厨艺也非常好，闻名西关。1954年的一天晚上，梅兰芳和儿子梅葆玖以及章乃器等人来到黄宝坚家做客，梁少卿亲自下厨，饭菜得到客人一致称赞。

老西关的传奇中，很多故事是关于人的，这些人往往代表的不是他自己，而是一个家族，梁家、伍家、潘家、卢家、钟家……他们的祖先如何，他们的后代又如何。一个个家族成员在奋力撑起家族大厦，有时，大厦将倾势在难免，感慨与唏嘘，是后人看到这些故事时难免出现的反应。

几百年西关家族的发展史证明一个道理：一个家族要兴旺，必须在文化和经济上攀越两个高峰，缺一不可，只有富裕的物质生活，或者只有清贫的精神生活，都不能构筑稳定的家族文化。

宗族的证明在族谱，不过，仅有一本族谱是无法炫耀显赫的，在过往西关，祖先通过两种实物将家族的文化形态外化，让千秋万代能够看到、听到、感到家族的荣耀，这两种实物一是祖屋，二是祠堂。我们能寻找到自己祖先不再漂泊的证据，因为祖屋在那里；我们能缅怀家族集体的荣耀，仰视祖先胼手胝足的开拓，因为祠堂在那里。

宝华路是西关名门望族的集聚地。民国初期，以极具岭南园林特色著称的钟家花园在这里曾显赫一时，作为最著名的西关大屋之一，可以说，钟家花园见证了钟家的兴起和衰落。

追溯南海钟家的发家史，需从晚清翰林钟锡璜的祖父钟辅廷说起。同治年间，钟辅廷在广西靠卖桂皮为生，后来生意越做越大。钟家花园就是钟辅廷发家以后，为了供养自己的父母而修建的，与钟家花园一起修建的，还有花园斜对面的钟家大屋，到了民国初年，十三甫路整条街基本上都是钟辅廷的大儿子钟义年的产业。

仓廪实而知礼仪，发达之后的钟家非常重视后代的学习和教育。从钟辅廷开始，钟家三代一共出了八个举人，而在八个举人中，数钟锡璜功名最高，他是在光绪二十四年（1898）也就是戊戌变法那一年，参加戊戌科殿试登进士二甲80名。同年五月，改翰林院庶吉士。钟家的其他举人则多数是在广西、云南一带当县官。

钟锡璜是钟辅廷之孙、钟文藻之子，排行第二，哥哥钟葆珩生的是女儿，弟弟钟宝瑄小他十多岁又没考取功名，作为祖上产业的钟家花园，自然而然就分给了拥有翰林功名的钟锡璜。

有人说，名门兴起，富贵不过三代，这话对钟家来说正合适。钟锡璜获取功名后，既不当官，也不经营生意，在家只知享受富贵生活。后来，为支付庞大的家庭开支，钟锡璜相继卖掉祖业钟家花园和钟家大屋。到了20世纪30年代时，钟家最后翰林的华丽生活也宣告落幕，钟家的辉煌止步于此。

文可以取功名，商可以富天下，在士商两界皆能出人头地的家族，在老西关并不少见。广州其他城区也有这样的世家，有些是早期南下的移民，例如太平沙的孔家、高第街的许家等等。众所周知，孔家源自山东曲阜，从第三十八代孔戣担任岭南节度使开始，才有一支孔氏族人落地广东。迁入岭南之后，南海罗格孔家在孔继勋、孔广陶时代最兴旺，他们官场、商场、书场都经营得风生水起，不仅在朝廷担任官职，做垄断的盐业生意，还在北京路太平沙建了著名的藏书楼“岳雪楼”，号称藏书33万册。

广州自古便是一个移民城市，五湖四海汇聚广州而后成家立业的大族不少。近代以来，番禺汪氏家族名人频出，汪兆镛、汪兆铨、汪宗衍等等，数不胜数。追溯汪家的历史，源自徽州婺源，婺源旧属安徽，今归江西。汪家元末迁到浙江绍兴，明清时，绍兴是出师爷的地方，有“无绍不成衙”

的说法。汪家最早当师爷的是汪炌，他在清嘉庆年间“入粤东按察司幕”。汪炌之后，汪氏子孙陆续来到广东，很多也作了幕僚。汪瑎也是在三水、曲江、英德一带做幕僚，并不得志，移居番禺，到了他的儿子汪兆镛、汪精卫，家庭才有所改观，一个当上两广总督岑春煊的首席幕僚，另一个成为孙中山的秘书，汪精卫后来的投敌卖国也为汪家的名声画上一个耻辱的记号。

定居西关的名门较多是近代才“漂来”荔湾的新移民，或从海外归来，或是来自四乡的“草根”。

逢源大街的小画舫斋今天依然保存完好，这里曾经住着另外一个黄家，黄景棠，字诏平，新加坡的富商，他在新加坡度过童年，青年时回国，27岁拔贡，后有候选道官衔，但未任实职，主要还是致力于商业，是清末广州商界参与政治活动的活跃人物。1905年广州总商会成立时任坐办，1907年与一些有新思想的商人组织粤商自治会，后主办《广东七十二行商报》。黄景棠能商能文，诗才出众，著有《倚剑楼诗草》。他的太太马励芸也非等闲之辈，曾任坤维女中校长，老革命家区梦觉以及在广州起义中牺牲的共产党员陈铁军都曾在这里念书。

宝华路十五甫正街18号曾是源家的物业，源龙章是赫赫有名的“染料大王”，二十世纪三四十年代，恐怕很少有不知道蓝阴丹士林布的中国人，阴丹士林耐洗、耐晒，它是德国的产品，二十世纪二十年代，身为德国捷成洋行买办的源龙章将它进口到广州，并由广州迅速扩散到全国各地。

源龙章是典型的“草根”出身，他来自鹤山，为“讨生活”跑到香港做苦力，因为诚实可靠得到机会做仓管，由仓管一步登天，做了德国捷成洋行的买办，再后来成了当之无愧的“染料大王”。

广州的十三行商人，人们知道最多的是丝商和茶商，四大巨富潘启官、卢观恒、伍秉鉴、叶上林都以经营丝绸和茶叶为主，但也有例外，西关梁大镛就是十三行里做陶瓷的，人称“瓷器梁”。

说起“瓷器梁”，西关人都非常熟悉，当年梁大镛在西关同文街设的“五常”“缙成”两商号，是西关最大的陶瓷店，产品一直远销英国，获利过百万两白银，堪称广州巨富，梁家也成为广州的望族之一。

今天，对于游客来说，荔湾是一个最能代表“老广州味”的地方之一。实际上，西关是从清代才开始有大批富商迁入，并逐渐形成后来的繁盛局面。按照梁氏族谱记载，梁家是康熙初年从顺德迁移来西关的，算是较早迁入西关的人家，大部分的西关大家族都是乾隆到道光年间迁入的，有一些甚至更晚，在光绪年间才来。

梁大镛在西关经营祖屋是典型的豪门作风，他为每个儿子都买地盖了一间大屋，而他自己住的是最大的一间，被称为“梁资政第”，这栋房屋超过2000平方米。为了方便儿孙读书，梁大镛还特意在今天的龙津中路建了一座祠堂兼书院，名为“夏阳家塾”，等于是今天专属自家的贵族学校。

“瓷器梁”至今在西关还名声响当当，并不是完全因为梁大镛，其中也有他子孙的功劳。梁家一共出了一位进士和三位举人，“富二代”还能“学而优则仕”，这在西关大户人家中也不多见，因此“梁资政第”也被称为“进士第”。现在白云山梁大镛夫人的墓地前，依然完好矗立四对旗杆石，记载着梁家的这段显赫往事。

西关家族的兴旺还有一个特色，就是不一定子承父业，后代的发展当随时代，走出的也是一样精彩的道路。西关名人中有“二斋”之说，指的是书法家李曲斋和词学家朱庸斋。李曲斋是探花李文田之孙，家世的显赫自不必说。朱庸斋的父亲朱恩溥是新会丹灶乡人，清末拔贡，祖上是有钱人家，专做烟草生意，著名烟草商行“朱广兰”就是其祖上家业，大部分的产业分布在南洋一带。朱庸斋没有经商，也没有做官，他爱好文学，十三岁时，拜大词学家陈洵为师，深得词中真谛。朱庸斋的书斋分春馆就位于华贵西横街20号。

强强联手，豪门之间联姻谋求更大的权势是非常正常的手段，为的也是家族的辉煌可以延续。

官商联姻在西关是一出盛大的戏剧，“花纱大王”（花纱即棉纱）陈泽球发家后一直住在西关的宝源路9号，他出生在南海官窑，下南洋后在越南起家，后来在花纱生意上获利甚巨，在广州开设了“益昌号”“宽裕行”“道成花纱行”等商号。陈泽球为女儿陈艳琼选择的乘龙快婿是西关望族邓华熙的孙子邓又同，两人的婚礼被称为西关最后一场奢华的婚礼，出嫁的队伍有半里长，陈艳琼的凤冠据说还装有电灯泡，闪亮高调穿过闹市，做足了一场引人瞩目的大秀。

同样是名门望族之间相互扶持、同结连理的还有南岸蔡家与高第街许家，蔡家先祖蔡善仑以做中药发家，中药生意做大后，蔡善仑又开办了钱庄，蔡善仑有两个儿子，蔡祖远跟蔡祖泽。清朝道光年间，是蔡家最鼎盛的时期，其中蔡祖泽的资产实力最为雄厚，被称为“蔡百万”。

蔡祖泽有五个儿子，第五个儿子蔡文源具有超人的生意头脑，他把家族中药材生意做到了南洋，也在今天南岸一带购置了大量土地建房屋。蔡文源与广州有名的高第街许家联了姻，他娶了清同治年间重臣许应骙的姐姐为妻，许应骙曾任浙闽总督，跟许家的联姻，无形中提高了蔡家的政治地位。

仅仅只是富有，并不足以名垂青史，西关人家的豪情、眼界放在对社会的奉献、对文化的贡献上，换来的荣耀才有价值、才有尊严。

逢源街道下面的耀华社区有一条耀华大街，全长只是短短的110米，是至今保存较为完整的西关传统民居，被广州市政府划定为“广州市历史文化保护区”。耀华大街有30个门牌、39个开间，住百来户人家。麻石街道两边是西式外立面风格的西关大屋，可以看得出来，几十年前，各家各户都用心经营过自己的安乐窝。

耀华大街虽然不是豪门巨富的集中地，古往今来也有众多名人曾在此居住。8号和10号是粤剧名伶白玉堂的故居。12号是一座二层高的西关竹筒楼，是香港爱国同胞凌剑刚先生的祖屋，他无偿提供给“文昌邻舍康龄社区服务中心”使用。这里特别要说的是30号，今天的耀华大街30号，正间有一对高近8米的罗马柱，显示主人家的超群实力，外加浅绿色的意大利批荡，80年来完好如初，述说着已经烟消云散的往事。这是南海横江名门、广州米业大亨黄家的祖屋，黄显芝先生领衔的养和堂是广州米糠行中的著名商号，也是当时广州最大的米粮批发商。

祖屋是一家人的荣耀，而祠堂才是一族人的荣耀，在近代珠三角，祠堂遍布乡村田野，宣示着宗族的业绩，凝聚着家族的人心。在省城西关，也不乏祠堂的影子，祠堂是家族建立的纪念碑。

近代中国的城市，城市化尚无法将文化的根脉拔离乡土中国，特别在珠三角地区如番禺、南海、顺德，经济、文教的兴旺带来家族宗法制的盛行，人与人之间的关系具有浓厚的亲情伦理色彩，人们严格遵循父系辈分和长幼秩序，祠堂与家谱是家族存在的核心象征和历史文化标记。

广州城中并非没有祠堂，但数量远远不如南（海）番

（禺）顺（德），荔枝湾边的梁氏宗祠建于清代，现为荔湾区变迁历史展览馆。芳村的祠堂有东滘的陈家祠、沙溪的梁氏宗祠、西塱的晚兴麦公祠、花地街的谢家祠，东滘村的郭氏大宗祠建于明代正德年间，这里的郭姓据说源自唐代大将郭子仪的后裔郭宗盛，与珠三角其他地方的家族宗祠一样，郭氏大宗祠也担负着教化功能。光绪三十一年（1905），东滘郭氏十七传孙郭泽乾在大宗祠创办"东滘郭氏学堂"，据《芳村区志》记载："学堂得到族中父老支持，将世德堂的祖尝田6.7公顷拨作办义学田产，郭族子弟免收学费。"西塱大桥村的晚兴麦公祠时间较晚，建于1936年。建于清朝同治九年（1870）的文祐关公祠，被西塱一带的村民视为芳村"最靓"的祠堂。

位于荔湾的家族祠堂，最辉煌的要数陈家祠，陈姓是广东数一数二的大姓，陈家祠是一座合族祠。除了陈家祠这样的大祠，很多种姓的祠堂就建立在自己的身边，规模反而不大，典型的家族祠堂并不是陈家祠这样的合族大祠堂。

西场、南岸一带是蔡姓的聚集地，这里有着多个蔡家的祠堂。位于西场大街的蔡家祠建于清末，现在是广雅幼儿园。位于增埗大街的思谦蔡公祠是广州市荔湾区登记保护文物单位，门口一副金字对联"莆田绵世泽，粤海振家声"说明了来历。增埗村村民基本都姓蔡，蔡氏从蔡国迁徙到福建莆田，再从莆田沿海迁徙，最后到了广州。善仑蔡公祠始建于清代乾隆年间，位于荔湾区南岸大街2号，为的是纪念中药发家的蔡家先祖蔡善仑。马万祺的母亲蔡景碧女士出自南岸蔡家，1998年，马万祺以已故母亲的名义捐资30万元修葺蔡公祠。马万祺又捐资45万元，将自己族姓的启康马公祠翻修一新。

清代外销画上的卖云吞小贩

美食：文化作为生活方式存在

千年文化通过什么方式子子孙孙一代代地传递下来？文化寄寓在生活方式中，老西关的生活方式用一个字来概括就是广州话的“叹”，用两个字来概括就是普通话的“享受”。西关美食之所以擦亮“食在广州”的金字招牌，无非三个大招：一是全民狂欢，二是追求极致之美，三是不断自我创新。

食在荔湾是一种异常丰富的文化体验。在荔湾，市井里巷密如蛛网，烟火气更加浓郁，民风更为淳朴，风味更为醇厚，这是城市文化的起点——生活方式，生活本来就是文化的重要板块，文化与生活一样色彩鲜明，在荔湾，生活方式就是如此简单直接：一切从创造开始，一切在享受结束。

轧制劲道十足的竹升面

天时地利、四季长春、临水而居，荔湾一个共时性的存在就是生活方式。

千年文化通过什么方式子子孙孙一代代地传递下来？文化寄寓在生活方式中，老西关的生活方式用一个字来概括就是广州话的“叹”，用两个字来概括就是普通话的“享受”。西关美食之所以擦亮“食在广州”的金字招牌，无非三个大招：一是全民狂欢，二是追求极致之美，三是不断自我创新。

食在荔湾是一种异常丰富的文化体验。在荔湾，市井里巷密如蛛网，烟火气更加浓郁，民风更为淳朴，风味更为醇厚，这是城市文化的起点——生活方式，生活本来就是文化的重要板块，文化与生活一样色彩鲜明，在荔湾，生活方式就是如此简单直接：一切从创造开始，一切在享受结束。

美食作为一种生活方式，在西关老城具体是怎么呈现的？我们先来看看民国时期音乐家、名曲《鸟投林》作者易剑泉在《荔湾消夏录》里的回忆，他主要说的是当年已十分方便的小贩上门服务，从另外一个侧面我们可以看到西关饮食业的发达。

易剑泉当时住在西关宝义二巷，清早，他刚刚起床，已有小贩将牛奶送上门，牛奶煮热，卖面包的到了，刚出炉的面包热气腾腾，正好买来就着牛奶当早餐。到了午饭时刻，米刚刚下锅，卖鱼、卖肉、卖青菜乃至卖调料的人又到门口了，他挑选几样烹调完毕，米饭刚好出锅。吃完午饭，就听到了饺子点心的叫卖声，只要站在门口招呼一下，下午茶也有了着落。傍晚时分，则可以从小贩手里叫上一盅炖品，慢慢享用，不够饱也不必着急，略等一会，卖牛扒和菠萝包的自会上门，叫上一客，泡杯咖啡，足够享用一晚了。吃完牛扒和菠萝包，还在打饱嗝的时候，又会听到叫卖水果的声音，时令鲜果应有尽有。就算到了夜半时分，肚子饿了也不用担心，自有小贩将粥粉面和各类甜品送上门。老西关的生活就是这样惬意，易剑泉不无自豪地说："余以是号广州为安乐之乡。且小贩千万，皆足糊口，无失业之忧。"

美食是一种饮食文化，也是一种商业文化，因此，它的文化形态非常丰富，除了小贩走卒，更多的是固定铺面经营的酒楼。过往的老西关，哪里都有羊城美食，在清朝中叶，在城西南的太平门内有一个太平酒楼，紧靠着城墙，高楼翼然，面向大江，清风徐来，吹动干净的白色桌布，纵然没有文君当垆，也吸引了张维屏和他的诗友们常常光顾。

荔湾饮食文化的结构是金字塔形，顶层必然是"名片"型酒楼，满足享乐型消费，数量少、价格高。中间层次是遍布大街小巷的餐厅、茶楼，满足亲朋好友聚会、商业洽谈应酬都适合的需求的中档特色消费。下层是数量众多、满足日常饮食"刚需"的粥粉面档、小吃店。

即便是"名片"型的餐饮商家，里面也是高中档次皆

民国时期的广州酒家

有。广州酒家是今天广州饮食业的“名片”，旧址原是洪圣庙，开拓马路时，庙被拆，商人陈星海等于1939年在此筹建西南酒家，聘名厨钟权为主厨，抗日战争期间，酒家被毁，重新开业后改名为广州酒家。广州酒家的历史在荔湾的酒楼中并不算长，胜在名牌产品多。旧时以“西南文昌鸡”为号召，解放后，广州酒家的名厨吴銮、黄瑞和名点心师禤东凌等都有拿手名菜名点，后来创制的“茅台鸡”“一掌定河山”广受好评，“食在广州第一家”的美誉就此名传中外，改革开放后，广州酒家还推出“满汉大全筵”、仿唐宋元明清“五朝宴”等高端的创新菜式。

要论资历，西关老字号餐饮的“名片”要数陶陶居和莲香楼。

1893年，陶陶居就开业了。陶陶居的底色是茶楼不是酒楼，看看后来它的股东构成就一目了然。1922年十甫路开拆马路，陶陶居购置了霜华书院的宅基，将其改建为楼高三层的茶楼。由南海张槎人谭氏兄弟谭简、谭垣（杰南）及陈伯绮联合招股承办，谭简是金华楼司理，谭垣是涎香楼司理，陈伯绮是调珍楼司理，也是大儒朱九江的再传弟子，知书达礼，广交名士。因此太史江孔殷、翰林黄慈博等都是陶陶居的座上客。

陶陶居能成为广州饮食业的百年老店，仅仅靠人际关系是不能维持长久的，善于经营才是正道。当年的谭氏兄弟把同一条街上富隆茶楼的糕点名手挖角过来，因此陶陶居的糕饼销路渐渐扩大，直与莲香楼相比。继而，陶陶居又做了新品饭食：香娘米饭、煎碎金饭等等，陶陶居在当时可以称得上是营销高手，每天派人挑白云山九龙泉水到店内，招摇过市，一时名传遐迩。

饮食业活到今天的百年老店确实非常珍贵，茶楼至今还在营运的还有莲香楼。光绪三十四年（1908），第十甫连登巷口有一家连香茶果店，经营婚嫁礼物食品如煎堆、松糕、大发、红包等，因生意冷淡，意欲出顶铺位。文昌路口西如茶楼的司理谭新义知道后，遂与亲信谭晴波商议，由谭晴波出面承顶连香店，留下原来店里的师傅陈维清主理莲蓉豆沙馅料，将连香店改名为莲香楼。

将饮与食完美结合的东方饮食文化典范，非老广的“饮茶”莫属。茶源自中国，最中国味道的饮料就是茶，广州的早茶文化传承至今，与源头处茶点精美、茶楼经营有方密切相关。

说到莲香楼，顺便要提一下它的幕后老板谭新义，前面说过谭新义和他的“如”系列茶楼，西如楼就开在荔湾区文昌巷口。谭新义于光绪年间在惠爱街（即中山五路）开设惠如楼，生意畅旺，乃向西关发展，在文昌巷口租铺开了西如茶楼，西如有三层楼，雇请茶楼老手区汉波为正柜（后区汉波又转任莲香楼经理）。谭新义把办惠如楼的办法搬来经营西如茶楼，地下经营饼食，楼上茶座。以干蒸烧卖、薄皮虾饺和伦教糕等为招牌卖点，制作的烧卖加入烘甫鱼（大地鱼），肉爽无筋，由于价廉物美，吸引得客似云来。

民以食为天，美食是一种平民文化，也是一场全民的狂欢。

如果说起西关美食，以今天的标准就意味着人均消费上千元，动辄鲍参翅肚，那必然不是一种涵盖全民的文化行为，丰俭由人、出品精美、老少咸宜才是西关美食的文化精髓，西关美食是全民大联欢。

吃在西关出了名的是招牌菜多、款式新颖、味道隽永而不是价格高昂，二十世纪二三十年代，社会环境较为稳定，荔湾美食文化走到这里便上了一个新台阶。酒楼、茶楼星罗棋布，各出奇招，就一个鸡的做法也不断翻新出奇。广州人讲究“无鸡不成宴”，鸡在宴席上的地位十分尊贵，当时风头正劲的有位于文昌巷文园酒家的江南百花鸡、文昌路西南酒家（后来的广州酒家）的文昌鸡，十七甫双英酒家的双英鸡、下九路品荣升饭馆的芝麻鸡等等。鸡作为食材，价格十分亲民，把鸡做好了，普惠的是成千上万市民，其功德要胜于把鱼翅做好。

西关美食文化的平民性也体现在点心上，就点心而言，近百年前的点心品种并不输于今天，如果能穿越回去旧时的西关，你可以享用十八甫北茶香室的娥姐粉果、下九甫正心楼的薄皮虾饺、西门口荣珍的即蒸烧卖、下九甫文贤酒家的鸡球大包、十八甫玉波楼的北片儿面、西来初地新远来的猪脑鱼云羹、十八甫北半瓯茶室的灌汤饺糯米鸡、龙津中德昌楼的咸煎饼、十甫路莲香楼的莲蓉饼、乐善戏院前何荣记的虾酱牛河等等，这些美味佳肴看看食材就能发现，根本无需山珍海味，都是家庭主妇也会常常买的菜，不过，茶楼经过精心加工，吃的是家里没有的味道，消费的门槛却不高。

既是商业又是美食，饮食文化的复合特性为它带来了创新的无穷动力，既然是商业文化，就免不了有竞争的存在。“敢吃天下先”在广东由来已久，这也是酒楼差异化竞争、规避“红海”的合理结果。

除了正餐和茶点，西关还是吃一些稀奇古怪东西的地方，民国初年在西关浆栏路、十七甫一带，还有一些小商店专营稀奇古怪的食品，如马恒圮专卖和味龙虱、桂花蝉，有龙虱大王之称；满香园专卖礼云子（蟛蜞卵）糟蛋糟蟹；贵记专卖芥蓝耳（芥蓝嫩枝）油柑子。零食方面，要解馋的话，西关另有一些专门的糕饼店卖响糖、松糕、麻通、米通、煎堆、寿包、糖藕、金钱饼等等。

人人都是美食家，广州人自古以来不仅善吃而且善学、善做，用今天的话来说就是创新意识强，这种创新首先基于谦虚好学的态度，好的食品无论属于谁的发明创造，都为我所用。伊面是今天在荔湾经常可以吃到的美食，由清代乾隆年间进士伊秉绶创制。伊秉绶是福建汀州人，曾出任惠州太守，他的诗作与书法都很有名，在荔湾的酒楼也留有他的墨宝。他创造出汀州伊面，为使面条带有香脆风味，打面时加入鸡蛋，打成细条，落油锅炸香，用上汤焖好，吃时浓郁可口，饶有风味。

除了高官钻研食谱，普通百姓肯动脑筋也可以名垂青史。西关名小食中，历史比较早的有茶香室的娥姐粉果。娥姐据说是西关马家的厨娘，马家是顺德水藤乡大户，其家高悬伊秉绶所题“劝耕课读之室”大匾，西关人习惯称马武仲为马老二，他家里的几房姨太都善烹调，马家待客最拿手的点心则是蒸粉果，连胡汉民都写有《谢武仲馈粉角》一诗，粉角就是今天的粉果了。马家粉果用鲜虾、花生、芫荽等做馅料，鲜香无比。

还有一种说法是娥姐乃清末西关一家大户中专为主人制作点心的侍妾，她后来在西关德馨桥脚开设“茶香室”，设计出一种点心，用蒸饭与米粉和匀做皮，瘦肉、冬菇、虾米、冬笋做馅，味道鲜美甚得食客好评，这一点心就用了她的名字命名——娥姐粉果，在今天仍流行于粤港澳茶楼的餐桌之上。

与今天大部分是商人在主导美食的潮流风向不同，100年前，美食是一件风雅的事情，由文人雅士引领潮流，怎么可能只是吃饭这么简单？

在过往的西关，文人雅士是餐厅的主角，酒家是风雅场所，没有一点功名还真不好意思说自己是美食家，自然，西关的文人雅士并不是穷酸文人，他们的口袋里除了诗书，也不缺钱。

西关的酒楼中最著名的要数文园酒家和谟觞酒家，广州四大园林酒家西关占其二。文园酒家在西关文昌巷，大门口有对联一副“文风未必随流水，园地如今属酒家”，借写作与吃喝说事，道尽了人间的沧桑变化。园内建有亭台楼阁，中间挖有水池，池上建有凉亭，楼下大厅，楼上客房，名菜是我们前面说过的江南百花鸡（虾丸火腿酿鸡）。

位于西关宝华正中约的谟觞酒家，说起原址就非常有来历，原为翰林钟锡璜及钟锡琪兄弟所住“钟家花园”，钟家衰败之后，1920年改为酒家，门前对联比文园酒家的更加古雅：“漠典并罗岂第汉书堪下酒，筋吟多暇原从粤岭补题襟。”

文园酒家和谟觞酒家都是当年文人雅聚的地方，因此名家字画、文房珍玩特别多，谟觞酒家最为人称道的是天井正厅中的一块圆形云石，直径近一米，上有天然雪山图案，并有两广总督阮元题“平山积雪”四个隶书大字。挂联则有大书法家也是伊面发明者伊秉绶的木刻对联：“书文变化日臻古，烟月空灵时有情。”还有张问陶题“养秀敷华”，伍蕃题“杨柳搂台”等。后因家国离乱，酒家遭到破坏，各种收藏散失各地。1937年，谟觞酒家被上下九的绍昌绸缎铺老板谭深泉购下，改名为银龙酒家。1970年改名为粤海饭店，1971年与愉园酒家对调位置，1984年恢复酒家名号。拆建后，重新开业，就是后来的清平饭店。

20世纪20年代，西关饮食业十分发达，和今天一样，商业格局层次丰富、档次齐备。除了高大上的园林酒家，还有一些档次略次于谟觞的酒楼，例如在第十甫观音大巷（今大同路口）的颐苑，露台小院，大小筵席均能应付自如；十八甫北的玉波楼，厅房干净雅致，菜式也有特色；下九路的文贤酒家、十七甫近怀远驿路口的双英饭店，为中档饭店，双英饭店以双英鸡出名。

到了20世纪30年代，西南酒家也就是后来的广州酒家在文昌路口脱颖而出，西南酒家属于园林式酒家，开业时曾与资格较老的文园酒家竞争激烈。40年代则有洞天酒家，在下九路，亦以大众化平民化为号召。

甚至当年曾经有的一些经营模式如大肴馆，到了今天反而不流行了，现在也有酒家逢年过节提供类似服务，却推广不开，年轻一代更是宁愿将美食体验交给网络平台，用现成的外卖来代替大厨的现场烹制。近百年前，有一种饭店叫大肴馆，专门上门制作酒席，客人与饭店定好菜式后，厨师及助手上门烹饪，一切杯盘碗碟锅灶炉具都是饭店带去，如果客人居家地方狭窄，饭店还帮忙另租大屋作为摆酒场地，一切以客人体验为先。

当时城内知名的大肴馆有大同路的福馨、宝华大街的三春（满春、留春、占春）、龙津东的聚馨、光复南的冠珍、杉木栏的八珍等等，这些上门送餐的饭店并非等闲之辈，个个也都有拿手好菜，冠珍擅长清汤鱼肚，西来初地的新远来以猪脑鱼云羹著称，宝华大街的万栈把挂炉鸭做得最出名。

“食在广州、味在西关、源自泮塘”。泮塘是西关的“菜园”，五秀是荔湾的特产，“味在西关、源自泮塘”说的就是荔湾美食追求自然、生鲜、绿色的真味。今天的广州人讲究“不时不食”，吃的就是当季新鲜上市的食材。这样的传统古已有之，春鲢、秋鲤、夏三鱼；秋风起，三蛇肥；荔湾丰饶的出产为老饕们提供了一饱口福的新鲜蔬果。

因为靠着珠江，荔湾水网纵横，广州人因此风行吃鱼生，将新鲜的鱼肉切成透明的薄片，即“鱼生”。清代已经有不少与鱼生有关的广州竹枝词，清番禺人倪云癯云：“雪花从水洒仙城，冬至阳回日日晴。萝卜正佳篱菊放，晶盘五色进鱼生。”说的是广州人在冬至这一天将鱼生配着萝卜丝来吃。到了民国时期，冬至吃鱼生依然很风行，汪兆铨以教育家著名，先后被聘为菊坡精舍学长、广雅书院“总校”、广东高等学堂教务长、广东教育总会会长，还是教忠学堂（广州市第13中学前身）的创办人之一。他在竹枝词里写道：“冬至鱼生处处同，鲜鱼脔切玉玲珑。一杯热酒聊消冷，犹是前朝食鲙风。”

风雅固然是美食的又一种境界，不过，大众口味、全民消费才是西关美食的精髓。

时至今日，西关饮食中历久不衰的还是点心小吃，这些咸甜点心雅俗共赏，可登酒席盛宴，可饱众生口福，虽然价格不贵，然而无一不是精致可口，可见西关人对饮食的认真态度。

对待吃，广州人的态度是严肃认真的，“民以食为天”首先体现在西关人挑剔的口味上，食不厌精、脍不厌细说的倒不是大餐马虎不得，而是日常饱肚果腹的简单食品，也一定要精益求精方能立足市场。

西关街巷中，无论过去还是现在，粥粉面档、牛杂小食店、糖水甜品店多得无法计数，只要是味道好，酒香就不怕巷子深，哪怕简陋到只是一挑面担，也客似云来。池记就是这样，当年的池记面担在三圣社华贵路尾摆卖，以“圆眼云吞发菜面”闻名羊城，面如银丝，云吞皮薄馅靓，虽是面担，价格却不便宜，上好的味道吸引了高端顾客乘汽车前来品尝。江忠记在宝华大街观音庙侧，一开始和池记一样也只是面担，后来租下铺面卖鲜虾云吞。徐深记在华贵路观澜街口，云吞面力追池记，汤水鲜美更为人称道。除了面，西关云吞卖得好的有苏能记，在宝华大街，自创锦卤云吞，云吞油炸了蘸糖醋来吃，佐之以烧腊、烧鹅、虾笋、排骨，小食大吃。另外还有黄声记在华贵路，鱼皮水饺赢得人人赞美。

一粥一饭，当思来之不易。直到今天，荔湾区的粥粉面店依然卖的是生滚粥，粥在广州人饮食中占有重要地位，凡是感冒发烧、食欲不振，都是靠一碗粥来搞掂。广州人对煲粥的粥底、用米、火候、肉料都特别讲究，“冬春稠，夏秋稀”，米要用新米，煲要用“企身瓦煲”。

近代西关，粥的创意层出不穷，粥店知名的有文昌巷的伍湛记，擅煮及第粥，现在的伍湛记在第十甫，伍湛记的及第粥十分有名，它选用绵滑的米种煲粥底，用猪肉丸、肝片加上粉肠生滚而成，丸粤语谐音“元”，猪肝片又名肉眼，粉肠两头滚熟后反卷似花状，正合状元、榜眼、探花之意，故名“及第粥”。

当年及第粥做得好的还有二嫂店，粥里加入大量猪心、猪肝、猪肠、猪肚、肉丸、鸡蛋、鱼片等，味料充足。味兰在十七甫佳栈隔邻，顾客可以一边吃粥一边吃佳栈的烧味，味兰以香滑鸭粥、菊花鱼球粥、鲍鱼猪肚粥等著名。

说到鱼粥，抗战胜利后，名动粤港澳的粥店当属吴连记。吴连记卖的是今天几乎绝迹的鱼肠粥，据说有一次，鱼片、鱼腩、鱼头都卖光，但仍有几位熟客要食鱼粥。吴潜初的夫人连氏灵机一动，把废弃的鲩鱼肠洗净，用姜汁、烧酒及味料腌过，再在锅中以猛火油煎后倒入沸腾的白粥中，加入芫荽、葱花，客人一试大赞好味，鱼肠粥因此成名。

地处亚热带，天气炎热，人易食欲不振，广州人对饮食中“水”的要求很多，“汤水”之外，广州人还爱“糖水”，绿豆、红豆、芝麻、杏仁、桂圆、莲子、百合、银耳甚至番薯都可以煮糖水。民国初年，街边档卖的糖水也就是绿豆沙、芝麻糊、杏仁茶、番薯糖等几种，到了20世纪20年

20世纪80年代位于宝华路的顺记冰室

代，生活水平有所提高，奶制品丰富起来，糖水店主打的甜品以奶制品为主，有炖奶、奶茶、奶莲、奶糊、姜撞奶、咖啡奶等等。

鸡栏街是那个时代的甜品一条街，梁辉记就在鸡栏街上，以杏仁茶、双皮奶誉称，它的杏仁茶煲好杏仁后加米浆，滚好以煲斟用，故名杏仁茶。鸡栏街在那个时代出现了大良辉记和梁辉记两家卖双皮奶的门店，大良辉记以双皮奶与糯米糕出名，梁辉记的双皮奶每碗配上两粒松化莲子，名为“湘莲双皮奶”，又自制水晶白蛋糕。

双皮奶在100年前风行一时，荔湾区内很多家名店卖双皮奶。光复南路德宁里口的杏花楼老号，店主卢荣，店里以山楂奶皮卷、香滑奶糊、杏糊等著称，同时店里的双皮奶也很出名。南信是今天的广州人非常熟悉的品牌，于1943年开业，位于第十甫路陶陶居对面，店主董景云是顺德大良人，自己养有水牛，挤奶自售，南信的双皮奶独树一帜。

甜品店经过了几十年的轮回，到了今天重新在羊城又兴旺起来，只不过地点有了变迁，今天的甜品一条街是文明路，当年老西关是糖水打卡地。糖水是大众食品，商务人士不会用甜品来款待生意伙伴，因此，糖水店多半就在市民的身边，在市井里巷中。20世纪80年代初，西湖路是市民喜欢去逛的“灯光夜市”，也是广州人最早“行夜街”的地方，和北京路、西湖路相邻的文明路自然就成了平民化的“深夜食堂”。

抗日战争爆发之前，荔湾糖水铺多如米铺，也是需求所致。南海大沥人陈锦一人就先后在西关开了几家甜品店，先在德兴桥（今十八甫北）开了翠芳居甜品店；后在下九路开了润心楼，以桑寄生蛋茶、莲子羹卖座，座位上有杏仁饼、冰肉蛋筒供客取尝；在西濠口开了泳陶然甜品店，兼售饼干糖果；在乐善戏院侧开设明月居甜品店，明月居以炖蛋、核桃露有名；在上九甫开了泳春园甜品店，兼营面食；在普济桥（今和平路）开了天海楼牛奶甜品店。

传统的广州糖水大多是热的，今天文明路的百花甜品店在1986年开业，最初的糖水只有五款：绿豆糖水、红豆沙、芝麻糊、眉豆花生糖水和汤圆，都是热的居多。香港的甜品是冷冻的居多，满记、百搭果等港式甜品店带起了吃港式甜品的潮流，杨枝甘露、芒椰奶昔、西瓜冰都是以水果搭配奶制品，冷冻着吃。如果要把冷吃的甜品算在内的话，20世纪初，荔湾的冰室则有今天港式甜品店的味道，其中顺记和安乐园最为知名。

顺记开始只是肩挑走街串巷沿路叫卖的小贩，名叫吕顺，20世纪20年代，在下九路中山戏院，新国民戏院附近做观众的生意。顺记以椰子雪糕著称，吕顺选用新鲜结实的椰肉及水牛奶、白糖、鸡蛋白、雪糕粉等精心炮制，口感香滑、椰味浓郁，很受食客欢迎，后被某商人慧眼识英雄，与之合作在宝华路开了一间小店，生意日趋旺盛。

“文化大革命”前，一些外国元首和贵宾例如柬埔寨西哈努克亲王来广州的时候，也会到顺记一试椰子雪糕。“文化大革命”期间，顺记改店名为“反修冰室”，1978年又改名为“椰林冰室”，还增开了早茶市。1986年才恢复“顺记冰室”店名，在荔湾区宝华路经营至今。

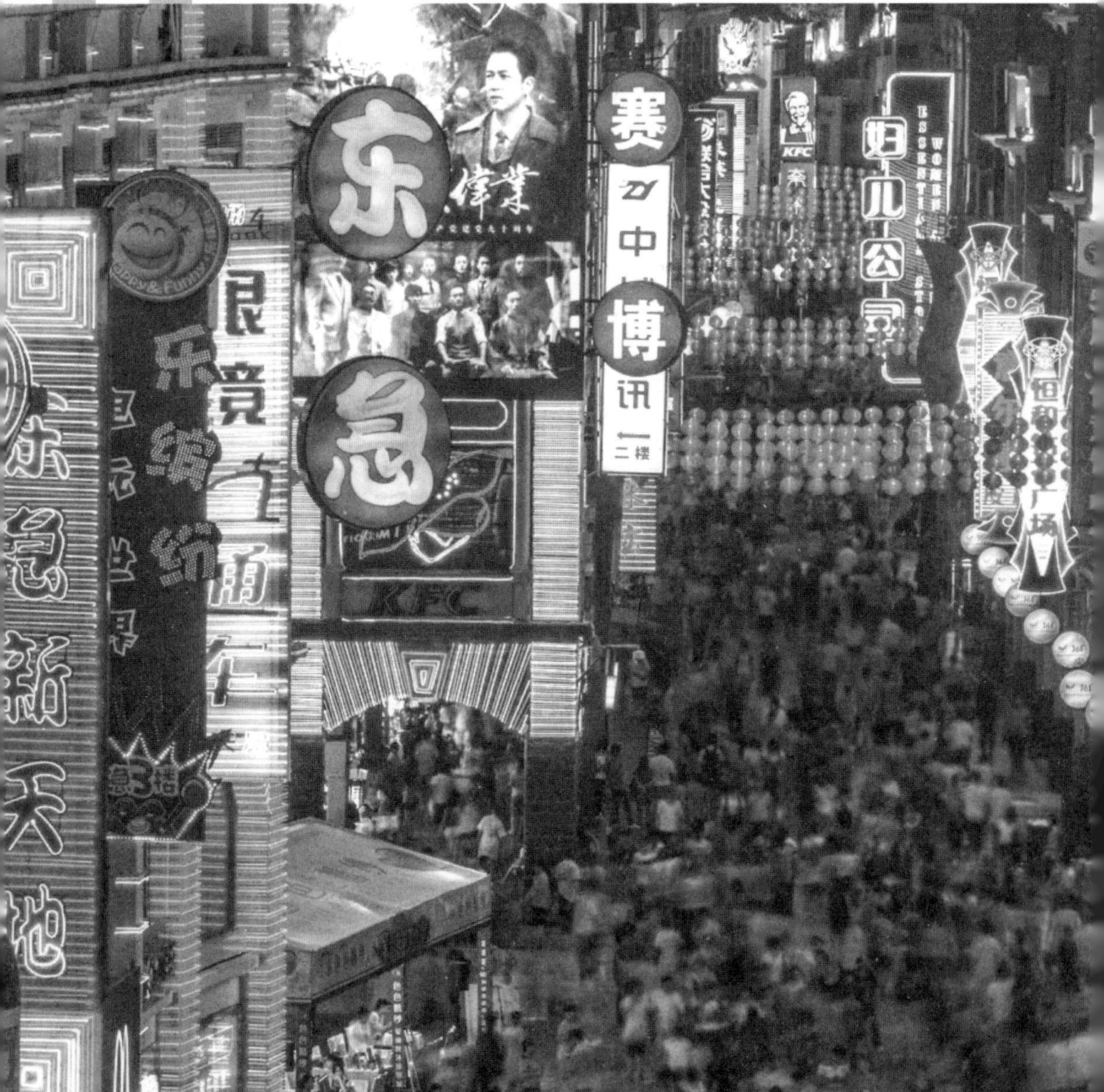

千年商都、繁华闹市

最南方的城市建筑

什么样式的建筑最能代表广州南方城市的特性?

公共建筑、商业建筑中，骑楼最具有那个年代的南方特性；北上广之中，广州的骑楼风格最为独特鲜明。而民用建筑、家居建筑中，西关大屋最具有浓郁的岭南风味。

什么样式的建筑最能代表广州南方城市的特性？

公共建筑、商业建筑中，骑楼最具有那个年代的南方特性；北上广之中，广州的骑楼风格最为独特鲜明。而民用建筑、家居建筑中，西关大屋最具有浓郁的岭南风味。

城市面貌或者城市特色从本质上来讲展示的是地域文化的差异，城市生活空间形态特征由居民生活习惯决定，北京、上海、广州作为中国的国际大都市，各自有着各自的建筑表达方式，北京的四合院、上海的里弄、广州的骑楼和西关大屋是中国内地城市居住文化的典范。

北京四合院是典型的北方居住建筑，上海的里弄展示的是海派作风，广州的骑楼和西关大屋有着南方城市特有的风味。对于市民而言，居家过日子，周围的街道比城市地标更重要，大剧院、体育场、写字楼并不是寻常生活所必需的组成部分，衡量一个城市居民建筑的优劣，必然要考察它对于市民生活的便利度。

有研究者认为骑楼是广州商业发展的结果，这不无道理。广州大学杨宏烈教授认为，商业需要是骑楼建筑的根基之一，在我国古代檐廊式建筑里可以找到与骑楼相似的元素。早在宋代，人们已经开始沿街构筑房廊、开设商铺。《续资治通鉴长编》中记载："汴河堤岸……房廊，并拨隶户都左曹，乃收课利。""徙城之始，衢路显敞，其后守吏增市廊以收课。"房廊和市廊，都是檐廊式建筑，与骑楼的建筑格局有着形式上的相似之处。

也有人认为骑楼受殖民地建筑风格影响，清代，十三行夷馆在西关出现，由外商出资兴建，19世纪初的夷馆，大多数是二层建筑，部分建筑有着英国殖民地建筑特有的外廊，但外廊的用途与骑楼完全不一样，外廊也不是社会化的公共空间，它只是供私人享用。

骑楼必然出现在南方，尤其是地处亚热带、热带的商业繁华城市，它的普及范围也受限于气候，向北跨过长江的国内城市，基本上没有建筑骑楼的必要性。19世纪初，骑楼出现在气候、环境、商业和广州相似的新加坡，并非偶然，新加坡总督莱佛士在规划新加坡时，规定临街的店屋在临街面要留出五英尺（约1.5米）的公共空间，也就是著名的“五脚基”，各家店屋的五脚基相连，成为连续的走廊，这是骑楼的由来。

广州四季多雨、夏季漫长而酷热，如果不能遮阳挡雨，街道作为公共空间将失去舒适性，也就没有了商业价值，人行街道要做到实用适用必须可以遮阳避雨。19世纪末20世纪初，不少南洋回来的侨商在广州盖房子、建商铺，他们把骑楼这一建筑样式从南洋移植回家乡，为广州的商业建筑找到了解决之道。

据考证，最早的骑楼是在一德路出现，一德路是推倒南边城墙之后拓展出来的马路，较为广阔，新的马路配上新的设施——骑楼，很快就升值成为商业旺地。骑楼在没有冷气的年代，为顾客逛街提供了最舒服的体验。

骑楼在20世纪初的广州得到迅速的普及，一方面是古城改造，城墙推倒，出现了一批白纸一样可画最新最美图画的新马路；二是离不开政府的强力推动。政府将骑楼推广与城市改造结合在一起，没有拆除旧城墙，没有大批的新街道、新马路出现，不可能有统一规划的骑楼群出现，清代的广州街巷，除了惠爱大街宽阔一些，很多街道只有6~8块麻石那么宽，根本没有空间增建骑楼。

最早用政府命令推行骑楼建设的是陈炯明，1912年，陈炯明作为广东都督下令拆城墙、开马路，要求城门附近的居民在一月内上报业权等材料。陈炯明在下令拆墙建路的同时，颁布了《广东省城警察厅现行取缔建筑章程及施行细则》。

《广东省城警察厅现行取缔建筑章程及施行细则》第14条规定："凡堤岸及各马路建造铺屋，均应在自置私地内留宽八（英）尺建造有脚骑楼，以利交通。"这是"骑楼"第一次出现在广州官方文件中。

广州建筑骑楼的高峰期是20世纪20年代，1921年，广州市政府公布《广州市促进马路两旁空地骑楼地建筑规程》，进一步规定修筑马路时必须预留空地给两旁兴建骑楼时使用。1923年，又公布了《广州市市政章程例规》和《广州市催迫业户建筑骑楼办法》《本市新辟各马路承领骑楼地征费办法》，从而加快了广州骑楼的兴建速度。

到了20世纪30年代，陈济棠对于骑楼的热情不复以往的高涨，1932年的《广州市修订取缔建筑章程》专门公布了市内不准建骑楼的马路名单，其中有白云路、盘福路、长庚路、文德路、广卫路、广仁路、吉祥路、德宣西路等，至此之后，广州再没有大规模兴建骑楼了。

十年的骑楼“跃进”，留下来的是一笔骑楼风情“遗产”：在广州老城区密密麻麻分布着59条骑楼街路段，总长40多公里，以人民路、中山路为纵横坐标轴，北至东风路，南至同福路，西至龙津路，东至东华路，这一范围内，城市的四面八方都有骑楼。

骑楼推动的是数以万计的商铺涌现，当年广州大量商铺出现，使得陈济棠笑言广州是一个大商场。荔湾区商业发达、人口众多，自然具备催生骑楼的种种条件，今天的荔湾区，保存有骑楼的主要有上下九路、十甫路、六二三路、恩宁路、龙津路等街道，荔湾老城区最主要的商业路段基本采用的都是骑楼这种建筑形式，西关的许多老字号，早年都是从骑楼街崛起。

广州骑楼的结构分为上、中、下三段：下段是宽约4米的走廊列柱，中段为楼层，上段为檐口或山花。沿街的一面在各层窗台以下的墙面或檐口窗楣处大多都有丰富的装饰花纹或浅浮雕。依建筑风格，广州骑楼又可以分为西关骑楼和东山骑楼两个流派。

西关骑楼是广州早期骑楼的代表，外观中西合璧，很多采用巴洛克风格的装饰，山花和楼身的设计大多直接取用罗马的装饰元素如罗马柱、卷曲花纹等，墙体则是中式传统的清水砖铺砌，顶部的山花挑檐也做成中国特色的拱形顶。西关骑楼最具地方特色的是用满洲窗，把西关大屋中常见的满洲窗移植到了骑楼街。

骑楼既然成为街，那么各家门廊必然扩大串通成沿街廊道。廊道上面是楼房，一般用来住人，下面一边向街敞开，另一边是店面橱窗，顾客可以沿走廊自由闲逛。骑楼街可以避风雨、防日晒，特别适应岭南亚热带气候，骑楼内的店铺可以借用柱廊空间，敞开铺面、陈列商品以招徕顾客。

广州骑楼建筑在第十甫路、上下九路、中山路、解放路、人民南路、一德路等商业街道较为集中，而西濠口一带的骑楼最为壮观。新亚酒店、南方大厦、爱群大厦等为广州初期骑楼建筑中的代表。1918年，广州设立市政公所。二十世纪二三十年代，广州的商业骑楼街已具有相当的规模和特色，商业繁华地段逐步形成了骑楼街风貌，如永汉路（今北京路）、太平南（今人民南）、惠爱路（今中山四路）以及长堤等。

也正是因为骑楼与商业密不可分的关联，并不是每个人都喜欢它，当时任广州工务局长的程天固就认为骑楼“无一不以资产阶级之利益为前提，而以平民生活之恶化供牺牲”。

广州是一个平民化的城市，它的文化有强烈的平民色彩，一是广州善于平民化其他类型的文化；二是广州的平民文化色彩强烈，城市带有平民精神，善于关注平民的需求，满足平民的愿望。

亭台楼阁、轩榭廊坊，中国古代的建筑样式品种颇多，却甚少有公共空间的开放设计，甚少关注市民与城市之间的互动。骑楼在广州风行，有很多的原因，其中最重要的两点：一是符合广州地处南方的自然生态环境；二是顺应了城市商业发展的需求。至于当年骑楼是否是牺牲了平民的利益服务资产阶级，仁者见仁、智者见智。今天，风云已经过去，骑楼延续至今，还在为市民使用，已经成为荔湾区迷人的街道风景，成为广州最有辨识度的名片之一。

时间是衡量一切的天平，从结果来看，骑楼体现出一种城市与个人的关系：个人将自己住房的一部分拓展为社会化的公共空间，为每天川流不息的人群遮风挡雨，社会对于业主的回报是提升住宅的商业价值，互利互惠，有分享才有共赢。城市鼓励这样一种良性的互动、温暖的呵护。

如果说骑楼体现的是城市与市民之间的互动，那么西关大屋则是表现家庭内部集体与个人之间的互动关系，宜居、和聚是西关大屋意欲表达的良性家庭内部关系。

城市的底色是大量的民居民房而不是标志性建筑，西关大屋兴起的明末清初，岭南社会稳定、经济繁荣、文教昌兴，家族不再因为战乱而四处颠沛、流离失所，合家团聚共享天伦之乐被提到了重要的议事日程。

明清时期，广府民居、潮汕民居、客家民居都有大而全的共同特点，除了西关大屋，以客家民居为例，明清时期广东、江西、福建等地客家围楼建筑盛行，饶平道韵楼建于明万历十五年（1587），大埔花萼楼建于明万历三十六年（1608），饶平德馨堡建于清乾隆十九年（1754），紫金的桂山围楼建于乾隆四十五年（1780），始兴的刘屋围楼建于清道光二十三年（1843）。

潮汕传统特色的“四点金” 民居是家境富裕人家的建筑样式，保留下来的有明嘉靖年间建造的澄海状元生第，万历年间建造的惠来石寨，清顺治三年（1646）建造的揭东九军镇国将军府，康熙三十六年（1697）建造的惠来葫芦寨，康熙五十一年（1712）建造的揭西郭氏楼，雍正十年（1732）建造的澄海永中寨，乾隆十三年（1748）建造的潮安凤仪楼。

最能代表明清岭南大宅建筑潮流的是位于澄海隆都镇前美村的陈慈黉故居，始建于清朝宣统二年（1910），建造过程历时近半个世纪，故居占地面积2.54万平方米，共有厅房506间，是和族而居的大宅门。

其中最具代表性的“善居室”以典型的“驷马拖车”为主体，建筑风格中西合璧，始建于1922年，至1939年日本攻陷汕头时尚未完工，占地6861平方米，计有大小厅房202间，是所有宅第中规模最大、设计最精、保存最为完整的一座，被称为“岭南第一侨居”。

有人说，如果来广州没看陈家祠，去山西没看乔家大院，到汕头没参观澄海的陈慈黉故居，就等于白来了广州、山西、汕头，陈家祠与乔家大院、陈慈黉故居的性质、功用都不同，陈家祠并非民居，要看同一时代广府民居的代表作，还是要来老西关的大街小巷走一走、看一看。

怀乡的风景中少不了建筑，建筑是人们城市集体记忆中重要的组成部分，城墙外的西关并没有古代广州标志性的政治、文化建筑，例如衙门、学宫、孔庙、贡院等等，西关的特色建筑便是西关大屋。

西关大屋作为家居建筑，何以成为西关的象征？

每个时代都应有那个时代的建筑作品，建筑师就像炼金术士一样，将那个时代的精神气质铸入建筑中，每个时代的建筑都有独一无二的气质，就像今天曼哈顿的摩天大厦无法取代古希腊的帕提侬神庙一样。人站在历史建筑前面，就像站在历史前面一样，不需要依赖知识，不需要个人的经验，建筑师潜藏在建筑之中那种强有力的时代原力被唤醒，人们能够跨越时间和空间的隔阂去感受古老的传递。

即便是作为家居建筑，西关大屋也凝结了100年前那个时代的意义和风格，作为西关的生活标志，难得的是它仍与今天人们的审美情趣相吻合。从历史传承角度看，西关大屋储存了历史的积淀，唤起人们对原型的深刻印象，它是成功的建筑形式。

无论是北方的四合院还是南方的西关大屋，都体现了中国人传统的居住理念：天下一家、和睦相处。

《黄帝宅经》认为：宅以形势为身体，以泉水为血脉，以土地为皮肉，以草木为毛发，以舍屋为衣服，以门户为冠带。住宅是自然环境的映射，建造的目的是实现家居的功能，西关大屋是居住、教育、祭祀三合一的私人空间。

中国素有“礼仪之邦”之称，“礼”在日常生活中的职责是规范，世俗社会的道德评判是以礼代法，“礼”融入大众生活的时间已经非常久远，它与法治的惩戒不同，礼治从正面去鼓励向善，知书达礼便是以长期的潜移默化奠定文化根基。

西关大屋的特点首先是等级分明，传统社会的等级秩序同样反映在家庭居住中，无论南方北方，院子里的房间总有三六九等，上等房间永远属于家里地位最高者，议事、接待功能的客厅也处于重要的位置，一切一切的目的就是家族有序健康地发展。其次是自成一体，院门一关，一日三餐、相夫教子、读书游戏、求神拜佛都在一个空间内完成，家庭生活不被外界所打扰，既安静又安全。第三是内部的开放性，无论是四合院还是西关大屋，它的空间共享只是针对家族内部人员的，一家人和合而居、聚住一处，花园、餐厅、客厅这样的公共空间起到的是沟通家人联系、和睦家人关系的作用。

正因为西关大屋的中式特色，并不是所有人对于西关大屋都赞颂有加，美国传教士卫三畏就不是很习惯西关大屋的格局，他在回忆录里曾这样描述西关大屋：“地面铺着大而厚的地砖或石板。尽管是大白天，房间也很暗，没有地毯和火炉，也没有可供观赏外景的窗子。对习惯了配有玻璃窗的爽洁的房屋的外国人来说，这样的大宅实在缺少乐趣。”

西关在民居方面有个显著的特点，就是多豪宅名园。城墙之内并非没有大宅门，清代嘉庆年间开始兴建的许地在玉带濠与高第街之间，但是总体而言，城内并没有相当大的空间供达官贵人来营建自己的安乐窝，在府衙林立的城中，也不适合太过张扬。

西门之外就不同了，这一在明清时期新兴的居住区没有旧房需要拆迁，有较大的空间供人建造大宅，加上马路的开通，成片的住宅如同雨后春笋一样，在西关冒了出来。

清末民初，广州的豪宅名园多在荔湾，豪宅名园也多与豪门显贵有关，每一个豪门的家都拥有一个气派的大门。西关有名的大屋有宝华中约的周东生大屋，十六甫的潘步云大屋、梁氏大宅，耀华坊的潘衍鎏大屋，鸿昌大街的梅宝芝大屋，宝华中约的钟氏花园，多宝坊的泰华楼，宝源路的邓氏大宅，十二甫的黄氏（平地黄）大宅，毓桂坊的潘氏（寿樨）大宅，逢源街的马氏大宅，潘家、伍家都是行商，而多宝大街的邓华熙则是高官退隐，能叫得上号的西关大屋的主人们非富即贵。

说到邓华熙就以多宝路为例，多宝路未辟马路前为多宝大街，今日多宝路原前段为宝庆新街，开马路后，贯通多宝大街，更名为多宝路。过往多宝路上有很多富商的旧宅，以

20世纪30年代门牌来说，4号为港商孔安道住宅，100号为港商梁介庵住宅，110号为黄逸祥住宅，111号为港商林炳炎住宅；除了富商，多宝路上名人荟萃、群星闪耀，多宝路108号为邓宫保第，是邓华熙退隐之后定居西关的私宅；同排转角龙津西路处为举人江鹤琴住宅，门上题有馆名——六朝笔花仙馆，取远祖江淹事迹为名。著名粤剧名伶千里驹住宅“吾庐”也在多宝路，清代探花李文田的泰华楼位于多宝路之横街多宝坊，今天依然保存尚好。

多宝坊隔邻有条街道旧时多为三水邓姓人居住，街口石坊上书“南阳”二字，标示着他们的祖先为邓况，南阳在秦时置郡，治所在宛县（今河南省南阳市）。“南阳”石坊对面为十五甫正街，这条街上也有不少名门望族所建的西关大屋，例如27号、29号为西关巨富岑弼西的宅第。除岑家外，十五甫正街还有很多洋行买办的住宅，例如鼎鼎大名染料大王源龙章的住宅，他是德国捷成洋行的买办；美国万国宝通银行买办徐乐庭住宅也在这里。此外还有陈章甫师长住宅、顺德龙山黎氏兄弟的住宅，黎氏兄弟据说坐享其成，家里沙田千顷，坐收丰厚租金。

逢源大街则有小画舫斋和陈家兄弟的公馆，陈廉伯、陈廉仲兄弟乃汇丰银行买办，住所在逢源大街尾，小画舫斋和陈家兄弟公馆都不是典型意义上的西关大屋，陈氏兄弟的住宅风格为西式，而小画舫斋则像一个园林。

宝源路有邓寿山住宅。邓氏为20世纪40年代西关之布业富商。岑丽南是南海九江岑弼西的后人，其屋在宝源路尾。宝源中约有马宾甫之心太平堂，马家是顺德大户，老大马宾甫，老二马武仲，都以经商致富而移居广州西关。当时广州书坊街最有名的老板是骆浩泉，精通目录版本之学，开设登云阁、翰墨园两家书坊，骆浩泉退休后继理业务者就是马宾甫。宝源大街有十三行本地富豪梁家，世称瓷器梁。

西关毓桂坊之毓桂二巷，有晚清潘衍鋆太史的大宅。清代，南海河滘村潘光岳、潘衍鋆、潘衍桐祖孙三人先后科举及第，“一门三翰林”成为佳话。潘光岳为祖父，潘衍鋆（1837—1882）为潘光岳孙，他在咸丰十一年（1861）考取举人，同治四年（1865）28岁便成为进士。潘衍桐（1841—1899）是潘衍鋆的弟弟，同治七年（1868）27岁高中进士，潘衍桐与兄潘衍鋆并席翰林院，传为一时佳话。潘衍鋆之子名寿樨，非常好客，梅兰芳来穗，潘寿樨接待梅兰芳在家小住。其岳丈为晚清直隶布政使凌福彭，凌福彭为今天黄埔区长洲镇深井村人，1895年进士，辛亥革命后，凌福彭告老还乡，一直住在西关女儿家中。

对于家族来说，老宅便是祖屋，祖屋不是独立的存在，而是与家族、世业结合在一起，沧桑人世、斗转星移，很多家族经不住罪戾人祸，一旦身陷囹圄，大宅就此化为乌有。

西关大屋的兴衰与主人的身世背景密切相关，家业能否永续决定于主人的命运，否则，再堂皇富丽、金雕玉砌的家也不可能成为祖屋。民国8年（1919）前后建成的宝华戏院，位于今天宝华路宝华正中约，它是由清末广州巨富周东生（周老十）大屋的堂会戏台扩建而成。周东生当年不过是粤海关的一个书吏，在今天，他是典型的小官巨贪，贪污积累的财富极度膨胀了周东生的野心，他甚至没有把两广总督岑春煊放在眼里，他的起家是个人野心的结果，但终究落花流水春去也，周东生的起家就已经决定了他败家的结局，周家大宅瞬时坍塌，树倒猢狲散。

个人的命运只是个别案例，大时代的跌宕就让所有人无法逃过，西关在近代的繁华一直延续到20世纪30年代末，接下来的抗战，日寇铁蹄践踏广州，大宅人去楼空，旧时王谢堂前变成了空寂人家。

“瓷器梁”以瓷器出口起家，抗战后沧桑变幻，后人星散，家道就此中落。岑氏大宅的主人岑弼西为富二代，父亲岑谦生在越南创业，岑家物业遍布广东、香港、上海及越南，总计有数百间之多，后人根据家谱统计，岑弼西有子女23名，存活17名，抗战前家业分给子女，抗战后产业便荡然无存。

回头来看，西关大屋是旧时代留下的文化遗产，从它的制度性安排来看，它是性别制度的产物，代表了男性、父权至上的社会秩序，至今我们还没有在老荔湾发现女性打下的天下、购买的西关大屋，也没有女性在大宅群里留下的传奇。

西关大屋之所以成为传奇，是因为祖辈期望能够为后世子女留下家业，西关大屋被祖辈寄希望为百年基业，一家人长长久久地住在一起、和和美美、永不分离，这样的梦想在当时是无法实现的。

坑口生菜会热闹非凡

满天神佛

信仰在民间，就必然带有民间的特色。清末民初，社会的经济结构、政治体制、文化形态、价值观念、生活方式都在变化转型，信仰不再是传统农业社会的盲目崇拜，而是向着以人为本、为我所用的现代民间信仰体系过渡。

对于荔湾人来说，宗教并非严苛的戒律、高不可攀的教义，而是生活的旅伴，是需要安慰时的导引，寺庙也并非冷冰冰的禁地，它们身处闹市，更像是城市提供的一个心灵安慰场所，有需要时去求求神和去逛街串门一样，是非常日常化的生活内容。

信仰在民间，就必然带有民间的特色。清末民初，社会的经济结构、政治体制、文化形态、价值观念、生活方式都在变化转型，信仰不再是传统农业社会的盲目崇拜，而是向着以人为本、为我所用的现代民间信仰体系过渡。

老广州人的信仰体系是非常灵活的，每一个家庭都有自己的仪式、特别的节日、独特的神祇，它们像一份遗产，不会与外人分享，有着继承性，长辈在晚辈新买的现代化住宅门口安上土地神位，嘱托潮男潮女早晚一炷香，代表着心灵安慰的传承。老西关家庭的求神拜佛不是宗教意义上的家庭信仰，严格的宗教信仰始终要皈依于社会上的某种宗教，或道教或佛教或基督教或伊斯兰教。家庭内部的信仰灵活而宽松，它具有两种生活功能，一是让家庭成为一个凝聚成员、有信仰依托感的群体；二是使家庭超越自身，融入更广阔的社会中。

西方宗教特别是基督教的世俗化，是近年来无可奈何的潮流，年轻一代的信仰需要越来越宽松的环境，而佛教等制度化宗教在广州的世俗化，则来得更早一些，我们在1000年之前，已经将佛教从崇拜的高坛请下来，进入寻常巷陌的市民家里。

对于荔湾人来说，宗教并非严苛的戒律、高不可攀的教义，而是生活的旅伴，是需要安慰时的导引，寺庙也并非冷冰冰的禁地，它们身处闹市，更像是城市提供的一个心灵安慰场所，有需要时去求求神和去逛街串门一样，是非常日常化的生活内容。

荔湾区有着自己的祭祀文化圈，荔湾是广州佛教文化的重要基地，佛寺众多、历史悠久，是文化开放的结果，华林寺曾与光孝寺、六榕寺、海幢寺合成四大丛林，相对来说，本土宗教的道观在数量、影响力上都无法与佛寺相提并论。

之所以成为佛教文化的重要基地，是因为拥有相当数量的寺庙，今天人们熟悉华林寺，是因为它延续至今，但是荔湾历史上的名寺古刹还有大通寺和长寿寺等等，它们因为各种原因已经毁夷，无复当年的风采。

芳村的大通寺始建于南汉大宝元年（958），在南汉时期称宝光寺，坐落于花地口的珠江岸边，达岸禅师开山，由南汉后主出资兴建，属兴王府七寺之一。长寿寺前身是长寿庵，建于明朝万历年间，到了清朝康熙年间，大汕和尚在平南王的支持下，成为长寿庵的住持，将庵名改为长寿寺，并且扩大规模、大兴土木，加上大汕和尚与当时文化界名流王士祯等诗文唱酬、往来频密，长寿寺声名远播，一种说法是长寿寺与华林寺、光孝寺、六榕寺、海幢寺同列广州五大丛林，今天长寿路的命名就是因为这里曾经有一座长寿寺。

目前荔湾区现存的古寺中，历史最悠久的是华林寺，华林寺的历史可以上溯到527年。用清康熙二十年（1681）华林寺第二代住持离幻所撰《华林寺开山碑记》一文来说明：

“我华林寺实肇其基……旧称西来庵，地曰西来初地。萧梁大通元年，达摩尊者自西域航海而来，登岸于此，故名。至今三摩地、西来古岸，遗迹犹存。……崇祯初季，我师宗符老人，由漳州行脚入粤，路出西来；先一夕，庵主梦见金翅鸟，翱翔空际，光烛茆茨，及见师，大奇之，愿布坐具地，为建道场。师以志切游方，力辞不就。厥后遍参海内诸大名宿，传昆尼于云顶，印心法于天童，复飞锡南来。一时当道宰官，暨绅士程可则、王念初、梁佩兰、陈恭尹诸公，仰师道范，为卜地西来，请转法轮。由是遐迩向风，皈依恐后。爰拓基址，定方隅，引河流为功德水，植林木为祇树园，首建大雄宝殿，次及楼阁、堂庑、寮室、仓厨，无不圆成。榜曰华林禅寺。”

离幻所述故事详细解读了临济宗三十二代传人宗符禅师于顺治年间对西来庵进行了大规模扩建的来由。继宗符之后，离幻和尚也接过衣钵相续建设了华林寺十年，康熙四十年（1701）增建舍利殿，殿内供有舍利塔。道光二十九年（1849），华林寺住持临济宗三十九世祇园和尚开始兴建五百罗汉堂，于咸丰元年（1851）建成。

广东省地方史志专家陈泽泓根据史料考证：华林寺建寺历史可上溯至唐代，时称西来堂，却未提及西来庵，宋代仍之。元代改名西来院，历史上多次被毁也多次重建，后来名华林禅寺。

作为舶来品，佛教经过千百年的起伏跌宕，已经在中国完成了本土化过程，出现了禅宗。作为宗教场所，华林寺等免不了跟随时代的变化而变化。清代末年，旧学废除，新学兴起，岭南禅宗文化阶段性走向衰落。徐绍棨《重刊光孝寺志》记载道："及经桑海之变，丛林古宇，多就式微：海幢、大佛，半为丘墟；长寿、华林，胥成廛市。光孝虽改为学校，先为法官学校，今名法科学院，其偏隅则为市立小学，然铁塔岿然，菩提无恙。"

徐绍棨在百年前谈及的这几个寺庙，除了长寿寺，其他诸寺至今都岿然无恙，并且香火旺盛，正统的制度性宗教在遭到政府的官方冲击时，民间信仰却一直保持着生机勃勃，这是广州主流宗教赖以生存的土壤，民间信仰如同温床，与制度性宗教保持良性的互动。

如何理解旧时荔湾的宗教生态？在古代中国的复杂社会系统中，"礼俗互动"可谓应用广泛，作为一种运行机制，它奠定了国家政治设计与整体社会运行的基础，"礼俗互动"的核心，是集中的主导与全社会的广泛参与相结合，

"礼"本来的意思是秩序，是为了教化、节制和规范人情而设置，"礼俗互动"将国家政治与民间道德贯通起来。

宗教信仰方面，过往中国同样存在着"礼俗互动"的运行机制，本土化道教不能承担起普度众生的重担，无力抗衡佛教，佛教主导着古代中国社会的民间信仰。另一方面，民间大众丰富的想象力和依赖心态，自古以来造神不断，民间信仰和神灵体系因为地方文化差异而千差万别、千姿百态，这就是明朝魏校、黄佐等捣毁淫祠的原因，所谓"淫"，是不合主流、不规范的意思。作为主导的佛教与岭南大地繁盛的多神体系相安无事，是因为岭南独特的人情观，人情是佛教、道教等一切信仰的共同点，是民间信仰文化认同的基础。

与佛教、禅宗有着明晰的流派、繁多的典籍、严格的承继不同，民间百姓的信仰更加随意、淳朴，有着宗教初始状态的原始和简单。与成熟宗教的唯一神相比，民间信仰特征为万物有灵和万人有灵。原始宗教的可爱之处在于对信仰的天真理解，崇拜可以是植物崇拜、动物崇拜、天体崇拜等自然崇拜，也可是原始氏族社会特点密切相关的生殖崇拜、图腾崇拜、祖先崇拜。老广州的神仙体系非常复杂，一言以蔽之，有用的神仙都可以采用"拿来主义"的态度拿来崇拜，很多神仙历史上实有其人，如鲁班、关公等等，因此，就神仙的诞辰而言，一年四季，从头到尾，庆祝不停。

每年农历新年之后，珠三角遇到的第一个仙诞是车公诞。车公诞在正月初三，车公实有其人，乃南宋将军，江西南昌人，香港沙田车公庙有一副对联：车转普天下般般丑心变好，公扶九约内事事改祸为祥。信车公、转风车可以祈求时来运转、好运降临。西关一带认为年初三为赤口，易生纠纷，互不拜年，便改拜车公。

观音的信众遍及大江南北，观音的纪念日也非常多，观音诞在二月十九，六月十九得道，九月十九出家。荔湾以及周边佛山、东莞一带还有一个特别的观音纪念日，那就是正月二十六观音开库。观音的法力不只是送子这么简单，法华经曰：苦恼众生一心称名，闻其声音皆得解脱。观音解除的是众生心灵的困厄，也解除千年商都芸芸众生钱袋的困厄，广州附近南海、东莞的观音庙都有生菜会或观音开库的活动，大家可以去观音庙借库，旧时西关的观音庙颇多，今天荔湾区坑口的生菜会就是在正月二十六举办。

到了二月初三，便是文昌诞，文昌姓张名恶子，同样是民间立庙祭祀成为神仙，掌管地方文运、功名科第。荔湾区的仁威庙设有文昌殿，却是大年初四庆祝文昌诞，近年来的重头戏就是为莘莘学子点朱砂。

洪圣诞是在二月初四，因为广州有南海神庙，所以，南海神洪圣至今都是广州人非常熟悉、感觉亲切的一位神灵，南海神庙每年洪圣诞的庆祝活动也是广州市民俗文化的重

农历三月三，一年一度的北帝诞仁威庙会

头戏。

北帝诞在三月初三，北帝与荔湾的关系非常紧密，泮塘的仁威庙供奉的就是北帝。现在每年的三月三，荔湾仁威庙都有很多丰富多彩的庆祝活动，例如龙抬头拜文昌转文塔、北帝巡游、北帝司水赐福等等。

天后诞是三月二十三，广州的南沙区新建有天后宫。天后是福建莆田人，幼而神异，据说她的哥哥出海经商遇到暴风，天后闭着眼睛穿越过去就把他救了，天嫉英才，年二十逝世。后来，天后屡屡显圣于海上，宋朝封她为灵惠夫人，明朝封她为护国孚济圣妃，清康熙时封天后，才有天后的名号。

四月有吕祖诞，广州的纯阳观近年还会在农历四月十四这天举行公益庆贺活动。五月初八是龙母诞，龙母是广东德庆悦城人，广东、广西两省多龙母庙，天河区猎德村就有座古老的龙母庙，清康熙三十二年（1693）至光绪五年（1879）间曾经五次重修，猎德村在规划改造时完整保留了龙母庙，并以龙母庙为中心，将村内重要的祠堂、庙宇和代表性的民居沿猎德涌两岸进行了重新规划布局。

关公是岭南人民非常熟悉和亲近的一位神灵，广东人亲切地称他为“关二哥”“关二爷”，在商业气息浓厚的荔湾，家里、店铺摆放关帝神像的神龛随处可见，商人们视他为保佑生意兴隆的财神。每年的农历五月十三，荔湾的西场村就锣鼓喧天、爆竹阵阵，热闹胜似过年。这天是关帝诞，来自澳口、增埗、南岸等兄弟村的各路狮队纷纷前往西场村走亲访友、联络感情，西场村的村庆日用的就是关帝诞。

六月十三是鲁班生日，建筑行业均奉鲁班为师，又称师傅诞，过去泥水三行这一天会在门前派送饭菜给小孩，番禺沙湾三善村的先师古庙是珠三角地区目前唯一一座仍保存完好的鲁班庙。

七月有“广州第一诞”——郑仙诞，郑仙原名郑安期，山东琅玡人，秦末，郑安期云游至白云山并隐居起来。某年，瘟疫流行，为拯救民众，他在山上采仙草九节菖蒲时失足坠崖，驾鹤成仙。后人为纪念他，在其升仙之地（今云岩处）建“郑仙祠”，并将每年农历七月二十四定为“郑仙诞”。

八月二十七是孔子诞，时至今日，除了南海孔姓的村庄，参与纪念孔子诞的人数已经不多，民间祀孔、官方祭孔的活动也不是很多，最能体现“礼”的孔子诞失去了“俗”的互动。

过去，在广州老城区很多地方都有华光庙，例如有署前华光庙、西华路司马坊华光庙、荔湾文昌北路荷溪华光庙、十四甫华光庙等等，华光为火神，九月二十八华光师傅诞，粤剧艺人会抬着华光师傅的神像进行巡游。2015年开始，八和会馆恢复庆祝华光诞，首次活动在文化公园举行，在中国300多个地方戏曲当中，粤剧这一独特的民间信仰，绝无仅有。

20世纪80年代以来，民间信仰在全国范围广泛复苏。与之前相比，当代民间信仰最大的变化，就是社会性的聚合作用更加软弱，个人自愿参与而非强制性义务成为民间信仰赖以生存的根本。

对于神仙的崇拜，荔湾人有着自己独特的生活智慧，他们没有让自己匍匐在神的脚下，臣服于宗教信仰的虚无缥缈，把生活变得苍白无趣。相反，荔湾市民的出色之处在于将神从信仰体系拉入生活体系中，与神的关系是“同欢共乐”，因为对神仙的喜爱，节庆多了起来，神灵崇拜增添了生活的色彩，寻常的日子变得更加生动起来。

追溯坑口生菜会的历史，我们就能够发现这一有趣的现象。观世音菩萨是岭南信众非常喜欢的偶像，芳村坑口就有一座不足三平方米的观音庙，却香火鼎盛，朝拜者络绎不绝。

相传百多年前的一个春天，珠江三角洲发生瘟疫，芳村来了一老妪，自称观音菩萨化身，教人们用酸菜、生姜、蚬肉、韭菜一起炒熟，再拌上饭，用洗净的生菜叶包好，蘸上辣椒酱来吃，乡民对这种简便易行的防瘟疫办法深信不疑。

“观音菩萨”的“药方”在古时灵验与否，我们不得而知，生菜包这种美食却借观音之名流传了下来，人们到了每年春天都会吃生菜包以寄托对于平安的祝福。从此，观音诞那天，坑口必然举行生菜会，来观音庙的人也越来越多。

借礼佛之名，享人间乐事，天上、人间的贯通融合是荔湾信仰文化的特点。民国初期，坑口生菜会已成为广州的盛大庙会之一，每到农历正月二十六子时，由坑口醒狮参拜观音作为开始，一连几天，戏班轮流演出连台大戏，日夜连场，人神同乐，通宵达旦，市民不仅在生菜会饱了口福还过足了戏瘾。

今天的芦荻街东边接着光复路，西边连着康王路，周围是广州四中、芦荻西小学和陈家祠，200年以前，芦荻街的名字还只是芦荻巷，这里是各种神灵聚集的场所，西边有医灵庙，这是功能性的庙宇；巷口有斗姥宫，斗姥是佛教中的神，明朝两广总督熊文灿居然在战斗中看见了斗姥出现在空中，得胜归来，他“谦虚”地将功劳归结为上天的眷顾。

巷子中间，是人文色彩浓郁的祠堂，明朝南海人方献夫的祠堂就在这里，他官至阁老；与平南王之子尚之信有关的报资寺也在这里，一正一邪同处一巷。报资寺是平南王尚可喜所建，尚之信被清廷处死后就埋葬在寺中。清人叶廷勋《过城西报资寺平南王墓》写道：“古寺苍凉石碣存，一家遗骨瘗西园。平南功业今何在？野草繁花翳墓门。”尚之信除了能征善战，后世对他的评价多为负面：刚而多虐、勇而寡仁、凶残暴虐、怙恶不悛。报资寺的特点是消暑清凉，有“第一清凉地”的美誉，有石床、榕荫、池塘、花径，文人骚客都喜欢在此流连。

信仰的多元，其表现形式可以为寺庙的繁盛，过往西关除了华林、长寿、报资，还有西林、准提、西禅等寺；也可以表现为庙观中神仙的多样，今天的黄大仙祠也是神仙共聚一处，除了黄大仙之外，吕祖也在主殿左侧，进门左侧有关帝庙、斗姥庙，进门右侧有财神殿、孔圣殿。时光流转至今天，黄大仙祠已经文旅融合，成为一个集风俗、文化、艺术、旅游为一体的旅游寺庙景观，何必在意神仙是一个还是几个。

时光总在淘洗，旧貌换了新颜，历史也在不断重复着寺庙与文化的结合。长寿寺今天已经不复存在，它曾经是风雅之地，明万历年间建立，清康熙年间仍然完好，王士祯南下祭南海神，在广州与梁佩兰、陈恭尹、朱彝尊等一众文友宴集，就选在长寿寺。王士祯眼中的长寿寺庄严妙好、水木清华，不仅风景卓越不凡，而且遍植荔枝、龙眼，绿化环境也十分优越，他应寺僧要求题联："红楼映海三更日，石濑通江两度潮。"到了道光年间，林则徐来广州禁烟，也是把禁烟指挥部设在了长寿寺。

回到儒释道一家欢的黄大仙，广州文化的开放包容也体现在宗教文化上，荔湾并不在意仙家是否籍贯在省城广州，只要能呼风唤雨、照顾苍生，就请来顶礼膜拜。黄大仙原名黄初平，仙号赤松子，生于328年，是浙江金华兰溪人。最早供奉黄大仙的庙宇名“赤松观”，位于浙江金华山，始建于宋真宗元年（1008），到清咸丰初年，被一场大火烧毁，荡然无存，从此消失。

据传黄大仙在浙江金华的宝观被烧毁后，就骑鹤到了广州花埭（今芳村）大凼尾作为“金华分迹”。清光绪二十三年（1897），番禺菩山深柳堂堂主陈启东，联合十名信奉黄大仙的善友，筹款兴建位于花地的黄大仙祠。该祠占地5亩（约3340平方米），主建筑为并排三间的岭南民居，于1899年6月落成开光。

近邻南海西樵也有一座黄大仙祠，这是由南海西樵人梁仁庵所创，梁生于1861年，曾任广州黄大仙祠道长，后辞去道长回到家乡西樵筹建黄大仙分迹。经过几年努力，梁仁庵1903年在西樵稔岗建成“赤松黄大仙祠”，这是继广州花地黄大仙祠后又一岭南金华分迹。

梁仁庵的贡献主要在于香港黄大仙。民国初年，花地黄大仙祠和西樵黄大仙祠相继遭到破坏，1915年梁仁庵携仙师旧物画像到香港，开拓黄大仙基业，先后在香港西环、湾仔两地设坛弘道，1921年迁坛至竹园（啬色园），1925年香港黄大仙祠在啬色园建成，黄大仙成了香港烟火最旺盛的庙观之一。

在荔湾，市民文化的底色浓墨重彩，它渲染一切包括信仰文化。当市民文化的底色去调和一切时，难免将一切染上世俗化的色彩。宗教在老城没有制度化，没有严格的教规，没有严格的程序，也没有严格的仪式，你很难确定这是否是一种精神上的皈依或者崇拜，甚至是不是信仰，但是，它须臾没有离开过荔湾人的日常生活，达数百年之久。

仁威庙前舞醒狮

精雕细作

岁月在雕刻与描绘中流逝，沧海桑田之后，留下来成为文化的遗产，“三雕一彩一绣”抗衡时间的考验，只是因为岭南人发自心底对生活的热爱。

生活在广州，同一屋檐下。

空间限定之后，当代生活与古代生活一脉相承的延续性就看得非常清楚，相同的是文化，不同的是时代、节奏、程度等左右生活的要素。当代生活、古代生活是时代的变化，快生活、慢生活是节奏的变化，精致生活与简单生活是程度的变化。

精致生活讲究提升生活的品质、欣赏生活的精妙。

精致生活如何达成？在过往，祖先的方法有两种，一是雕刻，二是描绘。雕刻时光，就是把生活中本来简单的事物雕刻成复杂的形态，一片木板、一块石头从简单几何体变换成精美的工艺品，玉雕、牙雕、木雕便是如此神奇；描绘生活，就是把平淡的寻常日子描绘得万紫千红、织金叠彩，广绣、广彩就是这样让人着迷。

岁月在雕刻与描绘中流逝，沧海桑田之后，留下来成为文化的遗产，“三雕一彩一绣”抗衡时间的考验，只是因为岭南人发自心底对生活的热爱。

玉陪伴着我们从神话时代一路走来，玉雕的历史超越了文字记载的历史，它的起点在人类与自然搏斗最艰苦的新石器时代。英国科学技术史学家李约瑟博士曾赞许中国人的美玉情结：“对玉的爱好，可以说是中国文化的特色之一，3000多年以来，它的质地、形状和颜色一直启发着雕刻家、画家和诗人的灵魂。”

到了西周，玉用于祭祀和礼仪，是等级的象征。《周礼》规定了不同的玉有不同的地位和作用，使玉器成为等级的标志，被赋予强烈的政治色彩："以玉做六器，以礼天地四方。……以苍璧礼天，以黄琮礼地，以青圭礼东方，以赤璋礼南方，以白琥礼西方，以玄璜礼北方。"

自春秋开始，中国人就将玉拟人化，管仲说玉有"九德"："夫玉之所贵者，九德出焉。夫玉温润以泽，仁也；邻以理者，知也；坚而不蹙，义也；廉而不刿，行也；鲜而不垢，洁也；折而不挠，勇也；瑕适皆见，精也；茂华光泽，并通而不相陵，容也；叩之，其音清扬彻远，纯而不殺，辞也。是以人主贵之，藏之为宝，剖以为符瑞，九德出焉。"

孔子论玉有十一德，孔子曰："非为珉之多故贱之也，玉之寡故贵之地。夫昔者，君子比德于玉焉。温润而泽，仁也；缜密以粟，知也；廉而不刿，义也；垂之如坠，礼也；叩之，其声清越以长，其终绌然，乐也；瑕不掩瑜，瑜不掩瑕，忠也；孚尹旁达，信也；气如白虹，天也；精神见于山川，地也；圭璋特达，德也；天下莫不贵者，道也。《诗》曰：'言念君子，温其如玉'，故君子贵之也。"

作为文物的本地玉器，最早能追溯的起点在西汉，南越王墓博物馆里收藏有直径达33厘米的大玉璧、造型轻盈的龙凤纹重环玉佩。千年过后，玉器离原始的政治作用、宗教价值越来越远，反而离我们的日常生活越来越近。

清朝，广州成为中国玉石加工中心之一，玉雕行业兴旺发达，因此分工严密的行会组织纷纷成立，其中有成章堂、镇宝堂、裕兴堂、崇礼堂等等，各堂各司其职，崇礼堂负责开料，裕兴堂专管摊档摆卖，分工细致而明确。

新中国成立之后，荔湾成为广州玉雕行业的中心，著名的南方玉雕工艺厂就坐落在荔湾区，职工来源于1956年成立的莹光玉器生产合作社和璧光玉器供销生产合作社，当年，就是由荔湾区手工业联社成立的广州市玉器行业合作化筹备委员会开展组社工作。

几千年过去，玉没有一天离开过广州人的生活，它的审美价值、它蕴含的精神寄寓都令人爱不释手，华林玉器街短短几百米，两边几百家玉器店铺人来人往，老一代也罢、潮一代也罢，没有一块玉在身上的广州人好像总觉得缺了一点什么。

生活在广州，万事总离不开一个“商”字，生意推动了一切向前。“三雕一彩一绣”在西关的兴盛都是商业化在推动，清朝“一口通商”时期，大量的海外订单催生了行业的快速发展、技艺提升、高手云集、设计出众。以牙雕为例，古代海上丝路发祥地的优越位置、不间断的海外贸易使得广州很早就有大量象牙供应，乾隆之后，牙雕行当精英荟萃、精品频出。鸦片战争后，牙雕行会更是细化分为贡行和洋行，贡行名为“慎玉堂”，主管贡品生产；而“怀远堂”则是洋行，专以外销为主。

到了新中国成立之后，则是工业化促进工艺美术翻新出奇，不再是作坊式生产，不再是师徒相授，不再是个人的炫技，所有的要素都汇聚在社会主义工厂这一熔炉中锻造成钢。

1950年，在时任广州市市长叶剑英同志的关怀下，成立了“广州市象牙输出联营社”，实行联合采购、分产联销，加入联社的店号达34户。如果说南方玉雕工艺厂是玉雕的工业化杰作，那么大新象牙工艺厂则是牙雕的工业化杰作，可惜的是，两个显赫一时的厂后来都遇到了经营困境、难以为继，不过，新中国成立之后，广州创造的工艺美术高峰却是永远留在史册之中。

从商品变为工业品，再从工业品变为工艺品，广彩走过的道路与牙雕、玉雕非常接近。广彩的经历在荔湾文化中非常独特，它完全是一个商业市场催化、合成的结果，非常典型、清晰地说明广州文化的兼容并蓄与海洋气息。广彩最早的瓷坯来自景德镇，设计要求来自欧罗巴，在贸易中心——十三行合成了广彩的“洋为中用”。作为“三雕一彩一绣”中最年轻的非遗项目，广彩只有300多年的历史。

明朝，中国外销瓷的主角还是中国风的青花瓷，到了清朝则变为广州彩瓷。一方面，广彩华丽多彩、金碧辉煌的艺术风格更适应欧洲市场的需求；另一方面，广州商人将客户视为上帝，生产什么、不生产什么都是客户说了算。广彩中有一种外销瓷，“岁无定样”，根据客户需求加工，因此，器型并不是中国人熟悉的瓶、罐、碗、碟，而是可可杯、啤酒杯、奶壶、剃须盘等五花八门的西洋用具。

广彩作坊最早的聚集地是在西关，这与靠近十三行、谈生意便利有着直接的关系，行业兴旺之后，乾隆四十三年（1778），在西关文昌路的毓桂三巷，成立了广彩行会最重要的组织——灵思堂。西关商业旺地，非常怕火，窑火常常连累街坊，于是，灵思堂后来迁往河南，广彩匠人也大都搬去河南居住，广彩才得了一个新的名字“河南彩”。

一种工艺美术产品想要在19世纪末至20世纪中叶的中国躲避战火、生存发展，颠沛流离是必然的命运。广彩的中心地也曾因抗战迁往香港，抗战胜利之后，百废俱兴，东南亚的客商都去香港拿货。

终究，广州才是广彩的故乡。1956年8月，司徒宁、司徒占等35名广彩艺人从罗湖桥回到广州，会同在广州的赵国垣等19名艺人，在天成路组建了广州第一家国营广彩厂——广彩加工场，一年后更名“广州织金彩瓷工艺厂”，所有产品都用于出口，广彩迎来了新中国成立后的第一个春天。

广彩作为工厂产品得以大规模销售的第二个春天是1976年到1986年，广州织金彩瓷工艺厂从大德路迁到今天荔湾区的芳村大道，职工有近千人，1988年的产量是115万件，产值超过641万元。

从辉煌的拳头产品变为需要被保护的文化遗产，其实不过短短20多年的时间，令人感慨万千、唏嘘不已。广彩和玉雕是2008年入选《第二批国家非物质文化遗产名录》，而牙雕与广绣是2006年入选国务院公布的《第一批国家非物质文化遗产名录》。

“三雕一彩一绣”的历史均非常悠久，甚至比西关的历史更为古老，广绣形成于唐代，明代因为洋人的盛赞而引人瞩目，清朝，“四大名绣”崛起，广绣领先的地位从此十分牢固。

与广彩一样，广绣的繁荣与广州的海外贸易有着密切的关系，丝绸与茶叶一样是中国的大宗出口商品，据《九龙口华洋贸易情形略》记载：“光绪二十四年（1898年），出口土货统计价值二千二百五十万两白银，其中绣货值银二十一万九千余两。”西关一向是丝织业的集中地，广绣的行会组织锦绣行绮兰堂最早的堂址就在杨巷路瑞兴里，会员多达900多人。

目前，收藏广绣艺术品最多的地方便是位于荔湾区的广东民间工艺博物馆也就是陈家祠，经过几十年的努力，陈家祠收藏有广绣四大类——真丝绒绣、金银线绣、珠绣、机绣的挂画、服饰、披巾、荷包等工艺品数百件套。这中间不仅有清朝的花补子、近代的裙褂，还有20世纪50年代的《我们爱和平》宣传画以及当地大师例如陈少芳等人的诸多作品。

“三雕一彩一绣”是工匠们消耗大量时间和精力、不改变材质实际功能却提升审美价值的工艺，今天，我们走在陈家祠里，这样的精美比比皆是，也正是因为前人没有放弃对于精致的不懈追求，后人才有如此精美绝伦的文化遗产，西关才有了陈家祠的雕梁画栋、浓墨重彩。

陈是岭南数一数二的大姓，清光绪十四年（1888），陈家祠建祠公所成立，推举著名外交官陈兰彬等48位陈氏绅士作为倡议人，发动全省各地陈姓各房集资修建陈家祠，五年后落成。

由于陈氏人众财雄，陈家祠得以追求尽善尽美。在历经百年风雨，先后被学校、工厂使用之后，终于回归本位，洗去一切铅华的陈家祠，本身就是一颗“岭南建筑艺术明珠”。

1959年郭沫若来广州参观陈家祠后曾赋诗称赞：“天工人可代，人工天不如。果然造世界，胜读十年书。”陈家祠集广东民间建筑装饰艺术之大成，每座房子从柱基到瓦脊全部缀满了石雕、砖雕、木雕、灰塑、陶塑、铜铁铸和彩绘，造型之生动、色彩之丰富、用材之讲究、技艺之精湛，称之为一座岭南工艺美术的殿堂也不为过。

今天的陈家祠作为广东民间工艺博物馆，收藏有“三雕一彩一绣”的大量精品，就“三雕”而言，陈家祠内数量最多、规模最大的建筑装饰就是木雕。

南派木雕中，广州木雕最为“富丽”，讲究雕工精细考究、内容包罗万象、图案繁缛富丽。陈家祠聚贤堂后面的12扇大型木雕屏门，是清代广州木雕的代表作。在构图上打破时空界限，把丰富多彩的历史故事集中在一个画面展现出来。这12扇木雕屏门上，分别雕刻着“太白退番书”“郭子仪祝寿”“六国大封相”“岳飞破金兵”等故事，犹如一幅幅连环画，是艺术价值极高的木雕作品，难怪被人称赞为“用钢刀雕刻的中国历史故事长廊”。

广东八和会馆黄沙会所明信片

粤剧的摇篮

城市的作用不仅是存储文化，而且是生产、创造文化。粤剧就是广州这座城市创造出来的文化，粤剧留给今天最丰厚的遗产便是：凡有华人处，便有粤剧迷。全球华人共同分享粤剧这一地方特色浓郁艺术申遗的成果，在国内众多历史悠久的地方戏剧中，除了昆曲和京剧，被联合国列为世界非物质文化遗产的，就只有粤剧。

纽约被称为世界文化之都，不仅仅是因为纽约拥有卡内基音乐厅和大都会博物馆，而且因为它的创造性，它能不断产生新的文化产品和艺术潮流，才称得起世界文化之都的声誉。

城市的作用不仅是存储文化，而且是生产、创造文化。粤剧就是广州这座城市创造出来的文化，粤剧留给今天最丰厚的遗产便是：凡有华人处，便有粤剧迷。全球华人共同分享粤剧这一地方特色浓郁艺术申遗的成果，在国内众多历史悠久的地方戏剧中，除了昆曲和京剧，被联合国列为世界非物质文化遗产的，就只有粤剧。

戏剧对于城市的意义，与诗歌、绘画都不同，因为有了戏剧，城市便有了公共艺术，中国古代并没有今天如此明确的公共文化概念，既没有博物馆，也没有文化馆，更不要说群艺馆、少年宫、工人文化宫。除了看戏，市民不可能在同一个空间中共同享受社会提供的文化服务，阅读是一件非常私人的事情，呆在家中，青灯黄卷，享受的是私人时光，文化的个人行为色彩非常强烈。

也许有人会说生活之中有一个例外，那就是美食，美食文化需要亲朋好友一起分享，人数绝对不止一两个。但是餐桌不大，餐厅容量有限，食客之间的关系也很亲密，因此，吃饭很难说是一种公共文化。戏剧不同，在古代，除了节庆神诞，市民聚在一起共同欣赏艺术的契机就是看戏。

清代之前，粤剧演出是没有固定戏院的，只在庙宇外、圩场上搭竹棚演出，今天的粤剧春班就有着过往的遗风。要看戏就必须有舞台，佛山祖庙万福台建于清顺治十五年（1658），是专供演戏用的戏台，初名华丰台，光绪年间改名为万福台。万福台位于祖庙之中，没有固定座位，它的作用一目了然，主要是为了酬神的。

有了舞台还不够，舒舒服服看戏必不可少的硬件就是戏院。粤剧一向受广州人喜爱，纯粹意义上的戏院较早就出现在西关，大家可以一起享受共同的爱好，为共同喜欢的名伶鼓掌喝彩，这是城市提供的公共文化服务，只不过在那个时代，看戏没有惠民价，戏班是以商业化的面貌出现的。

广州第一家售票公演的戏院是西关的广庆戏院，建于1889年。1902年，同庆戏院在长堤开张，这是广州最早的一家专演粤剧的戏院，有五六百个座位，后来改名为海珠大戏院。1905年，两广总督岑春煊因长寿寺和尚私藏妇女引发群情激奋，下令拆毁寺庙。长寿寺位于西关繁华之地，尺土寸金，拆庙后的废址，本可以有许多的商业用途，但岑春煊却用它来盖了一座乐善戏院，让西关人多了一个看戏娱乐的地方。乐善戏院一开始叫西关戏院，后才改名为乐善戏院。

解放后，私人在西关建的戏院有平安大戏院，位于十甫路，1951年2月由私人同益股份有限公司集资6万元建成。

初期的戏院虽然有了舞台和座位，演员和观众都不用顶风冒雨，可以安坐其中认真听戏，但是相对今天的剧场来说，开始的戏院还是非常简陋的，没有布景，就用一块布写上场景的名字挂在枱椅的一侧代表布景，如林冲夜奔之前误闯白虎节堂，白布上就是有“白虎节堂”四字，其余细节全靠观众自己想象，全凭演员唱念做打来配合。

从乐善戏院的格局，我们可以看到清末戏院刚刚建立时的情况，乐善戏院的座位分为不同等级，桌位是最高级，今天广州的彩虹曲苑也设有桌位；前座是头等，而东西两边则是二等座位。

女性观众的地位不如男性，女座分居两侧，只有男人才可以去前座看戏，不过，包厢里面就可以男女同座。至民国初年，前座有号位，对号入座可男女同座，两旁东西及楼上两边，就分开男女座，一边男座，一边女座，座位背后，有一条木板，板有圆孔，可放茶盅。戏院之内宛若集市，上面演员演戏，下面小贩兜售水果饼食，演戏至半夜，据闻还有粥粉面供应，在落幕休息时，吆喝、走动、吃吃喝喝同时进行，场面十分嘈杂，至20世纪30年代后，这样的混乱才逐步改观。

中国戏剧的历史很悠久，但粤剧并不是太古老，粤剧在西关的发展，是外来戏剧本土化的过程。关于粤剧在广州产生的过程，已经有众多专家包括冼玉清教授等做了大量的考证，在此就不用一一赘述。

“广州集中了商舶和商人，可称天下商贾聚处。其商人有湖南帮、江西帮、福建帮、江浙帮。外省商人多来广州掘

八和会馆内景

金，歌舞事业就跟着兴盛……另有正常娱乐的戏班，也争相涌来演戏掘金。以一个商客云集的大都市，商客要求娱乐，戏班自然跟着大大兴旺起来。”冼玉清认为当年外省戏班有成百个呆在广州，这也是广州客商云集的一个证明，冼玉清断定，梨园的兴衰与来广州客商的兴衰是有直接关系的，乾隆三十四年（1769）到乾隆四十年（1775），由于来粤贸易者寡，所以，捐款修建梨园会馆的人就非常少，乾隆四十年（1775），各省客商纷纷来粤，各省戏班也接踵而来，各班踊跃捐献千余金修建梨园会馆丝绸来自江浙，茶叶来自福建、安徽、湖南等地，江浙商人爱听昆曲，安徽商人爱听徽剧，所以，在穗的徽剧戏班众多，乾隆四十五年（1780年），为徽班极盛之时，8个戏班共258人在广州。乾隆五十六年（1791），在粤的外省戏班有44个，最多的湘剧班18个，其次是苏剧班11个，另外还有徽剧班7个、赣剧班2个。

荔湾作为粤剧的温床、摇篮、襁褓，一直呵护着粤剧的成长，成为粤剧的大本营和根据地。这中间，艺术形式上的本土转化是其中一个方面，粤剧发展需要的行当管理，而行规、行风这些软件的建立又是一个方面。

西关十三行的行商以福建人居多，为了方便看戏，他们自己出钱组有“洋行外江班”，从重修梨园会馆的碑记中可以看出，班子里有班主、管班、子弟、众信等不同分工，“洋行外江班”的师傅是李文凤，这是典型的外江班的本地化。

欧阳予倩认为粤剧形成的过程是“由外江班全盛，渐为本地班与外江班并立，再成为彼此合并，最后本地班独盛”。冼玉清不同意欧阳予倩的观点，认为这样就对立了本地班与外江班，否认了过渡过程中你中有我、我中有你、此消彼长的渐变。

不过，可以明确的是，外江班的梨园会馆是一个排他性的行业组织，广州本地的戏班是不准进入“梨园会馆”的，以此区别后，本地班就只能独立而出了，到了“吉庆公所”在西关成立，本地班有了自己的组织，此时，聚合外江班的“梨园会馆”已经衰落，本地班完全接掌了戏剧舞台。

粤剧几百年来的历程与西关有着深厚的历史渊源，粤剧的行业管理机构就设在西关，从琼花会馆、吉庆公所到八和会馆，粤剧的行业管理机构没有离开过荔湾。

佛山有粤剧机构琼花宫，广州西关也有同样性质的琼花会馆。琼花会馆，设在黄沙附近，至今还有琼花直街的路名，李文茂起义失败后，朝廷禁演粤剧，琼花会馆自然衰落。到了清代咸丰年间，李从善先生同情粤剧艺人遭遇，没有将同吉大街（现大同路口）的房屋租给米铺，而是给粤剧艺人活动使用，这就是吉庆公所的来历。粤剧后人为纪念李从善，在所内还立有李先生之神位。

冼玉清认为，广州最初并没有用粤语唱念的粤剧，广州的舞台是外江班的天下，到了后来出现了完全本地化的粤剧，这中间本地班与外江班的关系是相对的。清光绪十二年（1886）吉庆公所还为梨园会馆捐款，资助它的修缮，此事记录在《重修梨园会馆碑记》中。吉庆公所是本地班的会馆，而梨园会馆是外江班的会馆，可见当时的外江班与本地班并不是对立的关系而是友好合作的关系。

正是因为荔湾拥有众多的戏院和观众，八和会馆、吉庆公所等组织机构也设在荔湾，因此，一众粤剧名伶基本都选择住在荔湾。与今天的娱乐明星大多高居豪宅，出入助理、保镖前呼后拥，寻常市民难以接近不同，当年的粤剧名角就住在寻常巷陌，是我们身边的邻居街坊，他们不仅声、色、艺出类拔萃，而且为人亲和平易，没有高高在上的架子和派头，因此与市民的关系非常融洽。

千里驹的故居“吾庐”在多宝路77号。千里驹是一位长期居住在荔湾的粤剧著名表演艺术家，他是粤剧界出色的男花旦，薛觉先、马师曾、白驹荣、嫦娥英、骚韵兰等名伶都是经他一手扶持起来的。千里驹为人和蔼可亲、勤俭质朴、乐于助人，在粤剧界享有盛誉，可以称得上是近代粤剧界的一代宗师。

千里驹原名区家驹，又名区仲吾，生于1888年，他的岳父是小市街（今解放南路）广元金铺老板何西盛，媒人是状元坊戏服店余茂隆老板，太太何宝珊是戏迷，被千里驹的演技深深打动，发誓非千里驹不嫁，功夫不负有心人，最终两人喜结连理、一生相亲相爱。

“仔姐”郎筠玉的故居在恩宁路昌华新街29号，恩宁东横街一座不起眼的红砖屋是小飞红故居，陆云飞曾住在长寿路附近耀华社区的和吉新街，他是以演丑角出名。

今天来永庆坊的游客都会去参观恩宁路附近的李小龙祖居，其实是他的父亲长期居住于此。李小龙父亲李海泉1901年出生在顺德均安上村，是著名粤剧丑生、小生演员，20世纪20年代末，李海泉在新中华班做小生，主要演出剧目有《锦毛鼠》《夜渡芦花》《罗通扫北》等，30年代李海泉以擅演“烂衫戏”而著称。

芳艳芬11岁时与红线女同时进胜寿年剧团，红线女当时的艺名叫小燕红，两个小姑娘被誉为剧团一对美丽“小宫灯”，芳艳芬的故居是在蓬莱新街40号。十二甫的一条巷子里有关海山的故居，关海山被我们熟悉是因为他演了很多港产片，人称“虾叔”，他生于广州，自小跟父亲关耀辉在梨园粤剧团学艺，曾加入任剑辉、白雪仙担纲的新声剧团。

老西关孕育了不止一代的粤剧明星，很多“星二代”在荔湾出生长大，在声色艺的氛围中耳濡目染，最后也成功走上了星光大道。耀华大街8号、10号，是粤剧名伶白玉堂故居，白玉堂是花都人，12岁学戏，19岁便在戏班里执掌正印小生，因演《五鼠闹东京》一举成名，便改艺名“靓南”为“白玉堂”。他的女儿尤敏9岁时便在父亲的戏班隆重登场，1952年，外形清丽的她被“邵氏”老板邵邨人相中，遂罗致

白驹荣（右二）、欧阳予倩（右一）、梅兰芳（左二）、薛觉先20世纪50年代在广州

影坛，登上大银幕成为玉女明星。

来到十六甫东四巷14号，这里是鬼才黄霑的故居，黄霑故居旁边，是澳门赌王傅老榕的故居。十六甫二巷23号是张活游故居，张活游是八和会馆“粤剧人才养成所” 第二届的毕业生，曾在白玉堂的兴中华粤剧团当正印小生。张活游一家与电影结下不解之缘，他的儿子楚原是著名导演，拍了大量粤语片，张活游本人也演了很多粤剧电影。

荔湾与粤剧的关联之紧密还在于八和会馆就在荔湾区，八和会馆可以说是粤剧的文化地标，它在今天代表着粤剧的发源地、兴盛地就在荔湾。

吉庆公所得益于李从善，八和会馆则得益于邝新华。邝新华是新宁人，一直在西关黄沙居住，一方面他掌武生正印，是一个颇有声誉的粤剧演员；另一方面，他也在吉庆公所管事，服务于大家。

为了新建一个粤剧办公场所，邝新华前往南洋为琼花子弟募捐，款项凑齐后，在黄沙买了地，营建了戏人行会，行会建成改名为八和会馆。可惜在抗战期间，八和会馆被日军飞机轰炸，全部毁坏，遗址难寻。抗战胜利后，又由南洋粤剧子弟筹款买了恩宁路177号作为新会址，由于八和会馆长期设于西关，人称西关八和会馆，又称西关是粤剧艺人的故乡。

八和会馆在历史上是粤剧艺人的行会，创设于清光绪十五年（1889），“八和”之义，据行内人士介绍：“‘八和’有八个堂馆，即：慎和堂、永和堂、新和堂、兆和堂、德和堂（銮舆堂）、福和堂、庆和堂、普和堂（普福堂），是为‘八和’。意为八方和合，团结一心。”

八和会馆的八个堂也是粤剧行当的分行会，兆和堂统属公脚小生行；庆和堂，二花面六分同执掌；福和堂聚集了旦行；新和堂是男丑女丑同拍档；永和堂，小武武生同一堂；德和堂，五军虎人人是硬汉，因替师傅诞抬神所以又称銮舆堂。普和堂棚面师父乐声亮；慎和堂坐舱接戏大权掌。

广东民间有“先有吉庆，后有八和”的说法，说的是在八和会馆建立之前，吉庆公所早已存在了。今天，我们通过两张地图可以看出，吉庆与八和曾经同时存在于西关。一张是清代的经界图，标明吉庆公所与八和会馆同处于一个内巷建筑群中；另一幅是民国初年重测的地籍图，其时“吉庆”、“八和”两大建筑已成为当年梯云西路路面的一线建筑。

粤剧行业之所以选择在荔湾黄沙大兴土木，与黄沙地处白鹅潭的地理位置密不可分。

人们习惯把荔湾涌口以东、恩宁涌以南、沙基以北的临江地带统称黄沙，在清代之前，这里有三片金黄色沙丘，故名黄沙。水运时代，黄沙是交通便利之处，也就顺理成章成为当时的粤剧文化中心，当年的黄沙属广州府南海县恩洲堡管辖，与广州河南、芳村花地隔江相望，与顺德、中山、东莞等珠三角富庶之地以水道相连，那时，船是最主要的交通工具，黄沙三面临水，具备了优越的运输条件，四乡村民到省城黄沙联系演出至为方便。

以恩宁路八和会馆为中心，与粤剧演出相关的其他机构散落周边，如负责音乐的普庆堂设在丛桂路的宁溪横，管武打的銮舆堂设在恩宁路永庆二巷，八和会馆用地面积1000多平方米，连同新吉庆公所总用地，2000平方米左右，内可容纳到省城临时住宿的艺员近千人，在粤剧行业的发展历程中起着重要的作用。

文化原乡，世代传承

百年育人、一脉相传

从地理分布来看，荔湾的百年老校分为三个组团，一是以广雅中学为龙头的西村组团，包括协和中学、美华中学；二是白鹤洞组团，包括真光中学和培英中学；三是西华路组团，主要是广州四中和南海中学。

现在的荔湾区范围内没有大学，研究荔湾的教育要从基础教育入手，百年老校中，广雅中学是荔湾的教育文化地标，它将荔湾的教育串织成一条线索分明的脉络，这条文脉承载着荔湾教育兴盛的风风雨雨。

从地理分布来看，荔湾的百年老校分为三个组团，一是以广雅中学为龙头的西村组团，包括协和中学、美华中学；二是白鹤洞组团，包括真光中学和培英中学；三是西华路组团，主要是广州四中和南海中学。

说到广雅中学必然少不了提及“洞爷”张之洞，对于广州文教事业做出贡献的两广总督不少，其中不乏阮元这样的大清名臣，阮元与张之洞都给广州留下了教育样板工程，阮元创办了学海堂，张之洞创办了广雅书院。

过往的封建官僚都是出身科举，为官一方总不忘兴学育才，非常看重教育带来的教化。张之洞创办广雅书院之前，不满两广地区的教育现状，认为广西士风刁蛮强悍，广东自开埠通商以后，商贾云集、华洋杂处，民俗渐趋浮华。

服务两广子弟的官办书院自古以来并不多，比较知名的有端溪书院、学海堂和广雅书院等，两广端溪书院设在肇庆，为明朝万历年间李材创办，延续至今为肇庆中学。端溪书院仅有斋舍40余间，到了清中后期，大部分房舍已经凋敝残破。

到了清朝，省城广州的书院规模扩大、质量提升，学海堂、粤秀书院、越华书院、应元书院、菊坡精舍都名震天下、不输江南，可惜的是这些书院大部分建在越秀山麓，被地势所限，不可能大量建设校舍，“故有课程而无斋舍”，也就是可以走读而无法住校，这样就只能服务本城学子，外地的生童不得应课。

张之洞的志向是建立一个服务两广、高标准的官办书院，起点与学海堂的不同，决定了广雅书院的规模、走向也和学海堂不同。光绪十三年（1887）六月，张之洞上《创建广雅书院奏折》，请求建造广雅书院，作为广东、广西两省读书士子继续深造的场所。

他开宗明义提出创办目的是“以砺士品，而储人才”，并说“上者效用国家，次者仪型乡里”。在奏折中，张之洞提出办学的“五主五不”原则：“以贯通古今为主，不取空论性理之学；以践履笃实为主，不取矫伪经济之学；以知今切用为主，不取泛滥词章之学；以翔实尔雅为主，不取浮靡；士习以廉谨厚重为主，不取嚣张。”

对于广雅书院，张之洞不仅是亲力亲为，可以说是倾其心血，就选址一项，他就费尽思量，在给当时端溪书院山长梁鼎芬的一封长信中，张之洞详细叙述了他选址的标准和经过：

“一为西关外少田园，鄙人亲往相度，水浅而浊，气势不畅，且地价奠基须三万四千金（建造工资在外），其势难成。一为海山仙馆，亦曾亲往，有水无地，可园不可书院，且潘氏衰败，地势可知，盖由水道不佳之故。一为漱珠冈，港内平地一区，地势平正而微洼，无所取义。一为小蓬仙馆，地基有限，仍需广买足之，其港潮退舟胶，出入不利，且地处河南……再河南只一大洲，地势不厚，又兼背水，故鄙意凡河南地皆不相宜。一为东门外某氏废园，既非广场（非山水精神团结），亦全无幽趣（去城太近），毫无可取。一为大北山麓旷地，气势枯崇，且正南对城内花塔之尖，为众情所不愿。一为泮塘北之南岸村．低洼过甚，常有水患，且其平旷处，恰有一坟山砠之。以上八处，皆不合用。最近得元头村一处，东北则云山迤逦而来，注于粤秀，连山盘行环其东，北江抱其西，后枕增埗以北诸远山。前有彩虹桥，河水自东南而正南、而西南、而西，回绕如带；南面平畴百亩，平畴之外，则见南岸诸村，林木葱郁。高山大河，左回右抱，雄秀宽博，似兼有之。距城距河既不甚远，而非尘嚣所到，颇于书院相宜。”

被张之洞大加褒扬的正是今天广雅中学的校址，可惜沧海桑田，而今高楼林立，我们已经无从领略洞爷眼中“枕云山、抱珠水”的广雅风光。广雅书院与湖北自强学堂、两湖书院、上海南洋公学并称为当时中国四大书院，它的出现为西关的商业气息调和进一种不可多得的芬芳书香。

广雅书院的出现在荔湾西北部埋下了一颗办学兴教的种子，这颗种子发芽生根，长成了一棵参天大树，后来的百年老校协和中学、美华中学都是围绕着这棵大树把西村变成了教育的葱葱森林。

协和中学源自创办于1911年的私立协和女子中学，1911年9月，美国长老会碧卢夫人（Mrs.Biglow）创办慈爱幼稚园于西关长老会礼堂内，招收幼儿入学，是为协和女子中学的前身。1912年，增设幼稚师范班，碧卢夫人自任校长。1916年9月，改校名为私立协和女子师范学校，增设小学师范科。1922年，西村美华岗新校舍建成，也就是今天协和中学的校址。

美华中学创立于1923年，还差几年便是百年老校了，它的校址距离协和中学非常近，不过百米而已，由美国人伍艾逊先生发动旅美华侨捐款，在西村增埗购买60亩地建立了校舍，因是旅美华侨捐资兴建，故名“美华中学”。

美华中学对面是基督教西村堂，中西合璧风格，红砖墙、绿琉璃瓦顶。1922年，原美国公理会传教士伍赖信以个人身份创办了西村堂。

教会在荔湾办学的历史比张之洞还早，真光中学的历史可以上溯到1872年6月16日，美国基督教宣教士那夏理女士在荔湾沙基金利埠（今六二三路容安街）创立了真光书院（True Light Seminary），初期只有六名学生，学生膳宿费全免，为华南首所女子中学。1917年，真光书院在白鹤洞山顶建新校区，占地60亩，真光堂教学楼落成使用，这便是今天真光中学的校址。

培英中学的前身是创办于1879年的安和堂，培英中学可以说称得上是真光中学的兄妹学校，1879年，那夏理女士的哥哥那夏礼博士也在沙基同德大街创办了安和堂，开设蒙学并设英文及数理课。直到今天，培英中学依然沿用旧时的校训、校歌，校歌唱道：我爱我培英学校，校地清新，东临蓬馆，西接烟雨名津；书声琴韵，花香鸟语总宜人，藏修游息，咸沾教泽如春；我爱我培英学校，校舍云连，巍峨横宇，声教一脉相传……我爱我培英学校，优良传统，白绿健儿，一家亲情谊重；信望与爱，陶铸英才为国用，鹰扬长空，广沐化雨春风。

荔湾的老校一是由官府主办，例如广雅中学；二是由教会主办，例如培英中学和真光中学，教会办学的轨迹漫长、变化复杂，主要原因是经费来源不如官办学校那么稳定，加上时局动荡民国政府也曾收回了办学权。

还有一种学校，既不是两广总督策划，也不是传教士筹资，而是地方绅士合力办学，西华路组团的南海中学便是这样的范本。

南海中学的前身是西湖书院，西湖书院原在今天越秀区的西湖路上，前身是南海义学，由南海知县宋伟于清雍正元年（1723）捐资创建，雍正八年（1730）知县刘庶亦捐廉修建。到了嘉庆八年（1803），广东布政使康基田大兴书院，捐资修建了羊石书院及禺山书院，同时也拨司库银扩建了南海义学，并将南海义学改名为西湖书院。

到了光绪三十一年（1905），科举废除，南海士坤在原西湖书院的基础上，创立南海初级简易师范科馆，当时的地址位于西湖路360号，1907年改为南海中学堂，不久南海中学堂就迁往城西的芦荻巷，便是今天南海中学初中部的校址。

广州四中与南海中学之间只隔了一个芦荻西小学，两校的距离非常近。四中创办于1917年，当时叫广州模范学堂。四中的校址，原来是广州著名的西禅寺故地。据清康熙年间董应魁《西禅寺万佛阁碑记》记载，西禅寺创建于唐末五代初，北宋太平兴国年间（976—984）重修。当时这一带是红砂岩的小山冈，名为龟岗。

清末广州民智已开，思想开放，人们认为女子也应有受教育的权利，于是纷纷设立女学，以为文明先导。当时广州知名度较高的女校有坤维女子学堂、公益女学以及官办的省立女子师范学堂等等。此外，西关还有范阳女学、颂贤女学、育坤女学、德育女子师范学校、家庭教育女学、工艺女学堂等；河南有洁芳女学；城北有尚德女学、粤华女学；甚至连郊外的午村也设有女学。

坤维女学为华侨所办，筹办于清光绪三十年（1904），正式成立奉准立案于光绪三十一年（1905），开办女学的主持人，不同其他的学堂称监督，而是仿“学海堂”称学长。辛亥革命后，所有学堂都改称为学校，所有学堂的监督与学长，亦改称为校长。坤维女学由成立之年到民国27年（1938），都是由创办人马励芸女士任校长，马校长在坤维开办的前十年均身处广州校区亲自主持校务。

坤维开办之初，因有创办人黄景棠、汪千仞的声望，请到一些饱学诗书的知名之士作为教师，如当时甚有声誉的词人陈洵、《广东七十二行商报》主笔罗啸璈等，教师勉力授课，学生认真求学，教学相长，社会上对坤维女学也是甚有好评。特别是民国4年（1915）的“乙卯年大水”，省城广州及周边深受水患，灾情严重，当时由官商合办义卖赈灾，坤维女学的学生也手工制作工艺品参与义卖，为坤维女学赢得良好声誉。

清代外销画描绘的十三行外国商馆区东部英国馆和荷兰馆

从怀远驿到十三行

清朝灭亡之前，广州的对外文化交流，是官府搭建了平台，民间（以商人为主）唱兼容并蓄之戏，形成了独特的中西文化交融互鉴的成果。

无论是四口通商还是一口通商，官府的出发点都不是为了促进远洋贸易，而是限制、管理对外贸易、文化交流，而事实上，民间立场与官府旨意并不完全一致，城市的态度是：生意就是生意。

清朝灭亡之前，广州的对外文化交流，是官府搭建了平台，民间（以商人为主）唱兼容并蓄之戏，形成了独特的中西文化交融互鉴的成果。在朝廷看来，广州地处南隅、远离京城，又是古代海上丝路的千年古港，适合作为封建帝国指定的通商口岸，将所有外国客商局限于此。

无论是四口通商还是一口通商，官府的出发点都不是为了促进远洋贸易，而是限制、管理对外贸易、文化交流，而事实上，民间立场与官府旨意并不完全一致，城市的态度是：生意就是生意。

城市从实际利益出发做出了自己的选择，西关看到了海洋贸易带来的实惠，商人、市民等利益既得群体，对于那些乘坐大船、漂洋过海来做生意的西方面孔，在没有矛盾冲突的时候，并不持有天生的敌意，只是到了鸦片战争爆发后，这种矛盾愈演愈烈，冲突势在难免。

古代，广州的中外接触点从东到西，逐步进入城市的中心，唐代，扶胥作为广州外港；宋代，天字码头附近的海山楼是外商俱乐部，《羊城古钞》说：“海山楼在镇南门外，楼下即市舶亭。”到了明朝，对外接待的中枢移到了西关。

怀远驿是明朝管理、服务外商的官方机构，《明史·食货志·市舶》云：“永乐三年（1405）以诸蕃贡使益多，乃置驿于福建、浙江、广东三市舶司以馆之。福建曰来远，浙江曰安远，广东曰怀远。”明时怀远驿，清郝玉麟《广东通志》谓其始即建置于“广州城外蚬子步”，也就是今天的杨巷路、怀远驿一带，官府建屋120间，以居蕃人。

明朝分处三地的三个外事驿馆各有不同分工，来远驿主要接待琉球等国贡使；安远驿主要接待日本贡使；而怀远驿，则主要接待暹罗、占城及南洋诸国贡使。

屈大均生于明末，对于明朝那些事情比较清楚，他的《广东新语》卷一五《货语·诸番贡物》列举了来到广州的外商：“诸蕃之直广东者曰‘婆利’、曰‘古麻剌’、曰‘狼牙修’、曰‘占城’、曰‘真腊’、曰‘爪哇’、曰‘暹罗’、曰‘满剌加’、曰‘大泥’、曰‘蒲甘’、曰‘投和’、曰‘加罗希’、曰‘层檀’、曰‘赤土’。……其不可考者，有犂、罗兰、顿田、离其、门毒。右笪、罗越、佛逝、诃陵、个罗、哥谷罗、婆露、狮子、摩逸、佛朗机诸国，则未尝入贡懋迁有无者也。”

从屈大均的描述来看，明朝云集在怀远驿的外国商人来自五湖四海，西关不啻一个小型的商业“联合国”，虽然怀远驿来往热闹，但不用误以为明朝就是开放的一个朝代，明代一直实行禁海，不准民间出海做生意，但“四夷朝贡”贸易，不在禁例之内。

既然来到怀远驿的都是朝贡客商，那么，怀远驿的性质就非常官方了，它不是过往民居式的“蕃坊”，唐代广州的“蕃坊”在今天的光塔路、朝阳路、米市路一带，宋元时扩展至今惠福西路一带，专供外国使者、商人下榻。

怀远驿也不是明代设置市舶司的地方，明朝广州市舶提举司署（市舶司）所在地，明嘉靖黄佐《广州志》卷二三指出是“在府城外西南一里税课司右”。怀远驿是官方招待所，到了明中叶以后，皇帝们已经对外贸毫无兴趣，停止了本来不多的“朝贡”，加上此时葡萄牙人侵占了澳门，怀远驿日渐荒废，只好弃置不用。

作为官方设置的对外机构，怀远驿没有给西关带来多大的风云变幻，在影响力方面，历来或官方或民间的机构，其重要性都无法与十三行相比，十三行彻底地将中式外壳打破，移植进来西方的文化。

从表面上看，十三行是大清王朝经济制度的产物，实际上，它是中国文化发展进程必然遭遇海洋冲击的结果。

先秦时期，中国文化等于中原文化；两汉时期，中国文化是多民族的中国文化；唐朝开始，中国文化代表着东亚文化；到了清朝特别是清末，中国文化面临进入世界文化圈的阵痛，广州作为突出部，最先感受到文化的交锋一裂变一融合一新建，十三行是中西两种文化在广州碰撞产生的结果。

十三行的纸醉金迷再极尽奢华之能事，也只是局限一隅，官府不希望它与广大市民的寻常日子有关，荣辱盛衰只是个别行商自己的事情。但是，十三行的富足为城市渲染了金光闪闪的色彩，因为十三行，广州成为一个众所周知的、富足繁华的国际港口，这一文化共识深深融入市民心中，形成了文化自信和文化认同，也影响到每一个当年来到广州的游客。

1824年，昆明人赵光游览广州，赞叹西关繁华胜景“是时粤省殷富甲天下，洋盐巨商及茶贾丝商，资本丰厚。外国通商者十余处，洋行十三家，夷楼海舶，云集城外，由清波门至十八甫，街市繁华，十倍苏杭”。

建筑是最先进入广州人视野的西方文化，无论是之前的怀远驿还是蕃坊，都是中式建筑、外国人居住，到了十三行时期，情况完全不同。十三行建筑在西方人的眼里，是中西混合的，例如法国人伊凡所描述的，商馆有的是中式风格，有的是欧式风格，一般都是两层，底层是仓库，二层是住处，可以看到美丽的江景，向两边看去，一边是欧洲各国国旗的商馆建筑群，一边则是中国的庙宇和住宅，是异国情调与中国城市结合的产物。

但在中国人眼里，十三行建筑是西式建筑博览会，中国官员进入十三行夷馆，看到的是与中式家具完全不同风格的水晶吊灯、地毯、壁炉、油画等等，吃的也是与中餐完全不同的奶酪、葡萄酒。

早期，中国人看十三行并不是仇视的，道光年间的史善长在《珠江竹枝词》中对于十三行呈现出来的异域风光是赞美的：金碧洋楼耀眼鲜，旗杆猎猎彩云边。隔江人望初灯上，星斗都疑落九天。更不用说屈大均那首著名的“洋船争出是官商，十字门开向二洋。五丝八丝广缎好，银钱堆满十三行”。

在官方对于十三行采用限制政策的同时，城市感受到了海洋贸易带来的机会。瑞典人龙思泰认为：“广州的位置和中国的政策，加上其他的各种原因，使这座城市成为数额很大的国内外贸易的舞台……中华帝国与西方各国之间的全部贸易，都以此为中心。”

从数据上来看，从1730年到1830年的100年间，外国进入广州的船只吨位，增长了22倍，而英国进入广州的船只吨位，增加了36倍。源源不断的茶叶、丝绸、陶瓷从广州出口到世界各地主要是欧洲和北美，而大批的毛织品、棉花在广州登岸，销往全国各地。粤海关登记在册征税的商品就有上千种，其中包括钟表、人参、燕窝等那个时代的奢侈品。广州在全球商人眼中，是一个商业发达的城市，外国商人认为“在广州做生意比在世界上任何地方都更为方便和容易”。

在十三行周围，豆栏街、新中国街、旧中国街也变成了商业街，如同我们今天广交会的外围，象牙制品、银器、土特产、工艺品充斥这些街道的商铺，在这些街道，广州商人操着“广州英语”与外国人自由交流。这个城市的中西交流不仅仅是十三行的巨富把外国人请到海山仙馆去大肆炫耀人间美食奇珍，而且是外国商人被广州的生活方式所吸引，美国人奥斯曼的在游记中写道：日复一日，我在广州街头漫步，观看各种商铺，花很长时间呆在珠江水上人家并与疍民相熟，我竭尽所能与社会各个阶层打交道。

十三行之一天宝行行商梁经国后人梁嘉彬在《广东十三行考》认为："余考知西洋文物之传入除由贸易得来者可以毋论外，其若西洋楼台、炮台、战船诸物之建造，西洋医术之介绍，欧美外情之采访，甚至近代银行事业之仿行，中外货币之倾融兑换，莫不以十三行为其嚆矢。"

十三行像是一个尖锐的楔子，打在铜关铁锁的大清帝国疆土，西洋文化从这个裂变的缝隙里，源源不断漏入广州。因此，不难理解，广州是最早出现中文报纸的城市，桨栏路不仅是民国的中医药一条街，也是报章一条街；广州是一个商品港，也是一个信息港，鸦片战争之前，广州报刊主要作用之一就是传播广州的商贸信息。《广州记录报》是一份英文报纸，1833年，《广州记录报》出版的副刊是《广州市价表》，它在创刊之始就表明态度：努力发布丰富而准确的物价行情。

不可否认，西关的历史比城墙包裹之中的广州老城要短，就像一张白纸，官府画得少了，自然市民就画得多，商人就画得多，外国人也画得多。西关的兼容杂陈有浑然天成的历史来源，它的自由开放也有遥远海风吹动的要素。

西关是中西文化交融的地方，在那个中国即将沦为半殖民地半封建社会的大背景下，也是中西文化激烈碰撞的地方，十三行在当时成为广州的“火药桶”。

道光二十二年（1842）十二月七日，约170名印度水手从黄埔登陆到商馆区，其中有人抢劫小贩，开枪伤人，激起广州人民义愤，市民当即纵火焚烧十三行洋人居住的商馆，烧毁了怡和馆、集义馆（荷兰馆）、宝和馆（英国馆）。

道光二十六年（1846）七月八日，英商人金顿、丘奇在靖远街无故追打中国小贩，并将其拘禁在中和行内，市民围攻商行。随后大批英人武装前来镇压，制造了死3人伤6人的“金领-丘奇惨案”。

咸丰六年（1856）十二月十四日夜11时，中国民众痛恨英国人的侵略暴行，纵火焚烧十三行外国人居住地的商馆。火势从店铺残址起，蔓向十三行商馆。十五日烧及美法商馆，下午2时延至英国商馆，时值东北风盛，无法扑灭。至十五日下午5时，十三行的行号和外国商馆，除一幢房子外，全部化为灰烬。不到一个月后，英军采取报复行动，从西濠登陆，放火焚毁商馆东面沿江一带民房数千家。

第二次鸦片战争之后，十三行因为上海等其他口岸的开放，已经逐步没落，沙面建成之后，替代十三行成为矛盾的焦点。光绪八年（1882）九月十日，英轮“汉口”号葡萄牙籍水手狄亚士踢伤中国搬运工人罗亚芬，罗落水身亡。

在场的民众愤怒地投掷砖石，表示抗议，要求该船交出凶手，但英籍船长拒绝，并开船逃离码头。愤怒的民众冲入沙面租界，烧毁英、美、法、德等国的房屋14间。第二年八月十二日，因英国侵略者在广州河南枪杀中国幼童，广州人民再次冲入沙面焚烧外国人房屋十余间，捣毁了沙面英商制冰厂。

固然十三行曾经烈火冲天，但是，在十三行以外，西方的科学技术为广州带来了科技和知识的启蒙，文化的融合总是从最先得到利益、实惠的生活方式开始，再深入教育、思想、信仰等形而上的层面。

西关是中国最早出现西医医院的地方。1835年，美国传教士彼得·伯驾来到广州，在十三行新荳栏街7号开设了眼科医局，这就是博济医院的前身，也是中国第一家西医院。新荳栏街7号是怡和行行商伍秉鉴的物业，占地三层，一楼是大厅，二楼是门诊和药房，能容纳200多人就诊，三楼是手术室和病房，可以住几十个病人。

眼科医局占地之大、设备之全，令当时西关坐堂看诊的旧式中医望尘莫及。起初，伯驾每月要支付35银元的租金，没多久，当年全球首富伍秉鉴不但免了他的月租，还另外捐了一笔钱，资助他用医学技术治病救人。林则徐曾是眼科医局的病人，编号“6565”，即眼科医局开张后的第6565个病人。林则徐早年患有疝病，到广州后因劳累而复发，伯驾给他开了些药，还送了他一副疝气带。

除了眼科医局和后来的博济医院，广州还有很多外国医生开设的医院，例如清咸丰元年（1851），英国皇家外科学会会员、医学硕士合信氏，在沙基（今六二三路）开设了“惠爱医局”，该医局在1857年由一位出国留学回来的“海归”西医接办。

改变生活从创新开始，西方文化带给城市的是各个方面的全新体验，这些创新从点滴细微处起步，经过初创期的尴尬，最终站稳脚跟、蔚然成时尚风气。

广州最早出现的新式学校大多隶属于教会，从1860年到1907年，广州出现了约40所女子教会学校，其中最有代表性的是美国那夏理女士于1872年在沙基金利埠（今六二三路）创办的真光书院，美国女传教士容懿美女士在五仙门主持创办的培道女塾，1911年9月，美国长老会碧卢夫人于西关长老会礼堂创办的慈爱幼儿园。虽然在办学初期，只有几个人报名，但随着女学渐兴，生源慢慢稳定了下来，后来，这些女学慢慢演变成真光、协和等闻名遐迩的名校，延续至今。

无论是开医馆还是办学校，教会的最终目的只有一个——宣介他们的价值观，为了达到这一目的，不惜借用中文和广州话。广州早期的宗教宣讲活动，可以追溯至19世纪初。在当时来华外国人的笔下，保留有诸多相关记述。例如，1836年，美国人京威廉等一批传教士，已经获准在广州的街头传道。《晚清华洋录》记载："他派发传单和中文圣经，不断招纳信徒，有些人甚至被训练成为牧师。他常站在离十三行半哩左右的大新路和下九路的路口；而其他传教士则会聚集在大德路、一德路和下九路附近。有些外国传教士会说广东话，用广东话传教。有些索性用英语传教，由一个中国助手负责翻译。"

1843年，美国浸信会牧师罗孝全在十三行的联兴街租得鸭栏铺，修建基督教讲堂。罗孝全在青史留名与广州和洪秀全有关，1847年3月，洪秀全和族弟洪秀仁一起，从家乡前来广州罗孝全处学道。他们参加圣经班学习，记忆和背诵圣经，每天听课两小时。在这里，洪秀全第一次读到新旧约全本。3个月后，洪秀全携带全部或部分《圣经》去广西宣传他的革命思想。罗孝全后来曾经应洪秀全之邀往南京，去到之后发现洪秀全的"上帝"与他宣讲的"上帝"完全不是一回事，又返居香港。1860年第二次到南京，在南京居留年余，又回广州继续传教，1866年罗孝全返回美国。

华人自立教会最早也起源广州，溯其源头，同样是西关的洋人传教。1870年，新会人陈梦南赴广州参加童子试，投宿于榨粉街惠爱八约近处。考场劳顿之余，到街上散步，正好赶上榨粉街的福音教堂门有人布道，"堂中宣道之声直贯街外，听众云集"。

陈梦南"遂入而听之，收堂后，众人皆出，先生仍端坐凳上，如有所待。黄先生异之，再与谈道，并授《天道溯原》一本。先生欣然承受，辞归寓所，披览竟日，大有会心，以为相见之晚也。自此常到堂，审问雄辩高谈。夜则读教中书籍，务欲将福音之道竟委穷源而后已”。及后，“常约六七同志，晚膳后，雇一小舟，直造疍户，详讲福音，有因而悔改者”。陈梦南后来感慨社会上传言只有贪图洋人的金钱才去传教，便在同治十二年（1873）于长堤潮音街购房改装教堂，成立华人宣道堂，这是华人自立教会的先河。

因为得风气之先，西关总是敢于大胆尝试一些新鲜事物。1900年7月，西关一些富商给时任两广总督陶模写信，提议成立西关巡警局。7月中的一份《博雅报》刊登了他们拟定的《西关筹防巡警局章程》，巡警局的职责被概括为“去民害、卫民生、检非违、保产业”，这与现代警察的职能相差无几了。

陶模算是个热心警政的新派人物，很快就同意了商人的提议。西关巡警局的办公地点就设在了华林寺内，巡警也由商人自行招募。按《西关筹防巡警局章程》的规定，巡警局的经费主要来源于街道两旁铺户的“房捐”，每家商铺都必须交出两个月的租金，房东租客各交一半，谁敢隐匿不交，罚款五倍，有胆违抗的，交由官府处理。因为西关巡警局虽是由士绅操办，但幕后有两广总督的支持，所以各项措施推行起来，都很顺利。

西关巡警局的装备在当时还是很拿得出手的，数百巡警穿着清一色的制服，巡逻的灯笼也是统一购买。为加强防卫起见，他们还配备了最新式的毛瑟枪。不过，由于巡警总局的各项费用都是由街道两旁的铺户开支的，因此，一条街道到底能分到几个巡警来值勤放哨，完全由该街铺户所支付的“房捐”数额决定，而不是根据人口数量或者街道的重要性，而且值勤放哨的门岗也得由街道铺户自行找地安排。

西关巡警局是典型的“官商合办”，官方主要的作用是搭台定规矩，经费全由商人自己解决，人事也由社会来安排，在那个时代，不能不说是敢为人先之举。

西关曾是粤剧的摇篮

风雅旗帜

一种文化被另一种文化主体接受，前提是主体对于异质文化的平等态度，途径是相对充分的认知过程，才能达至文化交流的结果。文化成熟的标志不是发展其他地方的文化，而是本土文化越来越有地位、越来越有影响力。

在1840年到1949年之间，保护传统与文化近代化是一对矛盾，背弃传统的结果便是沦为半殖民地文化，而拒绝近代化则是将传统带入一条灭亡的不归路。其后，这样的矛盾依然存在，不过是传统的外延在扩大，对手也在变化，到了后来演变为传统与文化现代化的对立统一。

一种文化被另一种文化主体接受，前提是主体对于异质文化的平等态度，途径是相对充分的认知过程，才能达至文化交流的结果。文化成熟的标志不是发展其他地方的文化，而是本土文化越来越有地位、越来越有影响力。

历史地看西关诞生之时岭南、广州的人文、艺术环境，文化地方特色越来越成熟，画风越来越兼容，学风越来越实用，诗风越来越雄直。明朝，广东的学术派别层出不穷，最为著名的有江门陈献章的“江门之学”、增城湛若水的“甘泉之学”，较为著名的思想家还有中山人黄佐、东莞人陈建、海南人丘浚和海瑞、南海人霍韬等等，他们不再匍匐于外地其他门派之下，甘愿做一名小学生，江门之学、甘泉之学对于岭南文化的突出贡献在于：中华文化最为基础和本源的儒学领域，我们不仅有了自己的声音，还树立了自己的旗帜。

明末至清末，广府的学术思想进一步发展，除了有朱九江这样的大家出现，还有林伯同、曾钊、陈澧等一批学术思想家活跃在岭南的学术、教育、思想领域，在这些熠熠闪耀的群星之中，值得关注的是引领学术领域风气改变的屈大均。

屈大均，字翁山，明崇祯三年（1630）生于今天荔湾区的西场，幼年为邵氏收养改姓为邵，初名邵龙，后返回番禺沙亭祖籍，认祖归宗姓回屈。翁山先生一生著述甚丰，有《皇明四朝成仁录》《永历遗臣录》《安龙逸史》《南渡剩篋》《广州府志》《永安县次志》《闾史》《广东新语》《翁山诗外》《翁山文外》《翁山易外》等等，这些著作涵盖了哲学、历史学、文学、民俗学、地理学、植物学、动物学、气候学等学科，其学术价值、文化价值、思想价值之高不言而喻。

对于本土文化的关注、对于本土风俗的尊重、对于本土价值的热爱，是地方文化成熟的标志，也是屈大均学术成就的突出贡献。众所周知，屈大均的代表作是《广东新语》，《广东新语》成书于康熙十七年（1678），刻书于康熙二十六年（1687），共28卷869条40多万字，内容涉及天文地理、经济物产、手工制造、对外贸易、城镇风貌、典章制度、人物风俗、名胜古迹等方方面面，描述了广东的自然地理和人文地理，记述了明清时期广东优越的生态环境和农业生产状况，讲述了珠江三角洲的移民文化、风土人情。对于广州本乡本土系统、全面的表达，从《广东新语》开始。

到了清朝，康雍盛世出现，雅好文学的两广总督吴兴祚积极倡导，号称南北二诗宗的朱彝尊、王士祯入粤促进，岭南诗坛一片欣欣向荣。被誉为“岭南三大家”的屈大均、陈恭尹、梁佩兰出现，拉开了广东诗歌从发展步入鼎盛的序幕，“岭南三大家”也是广东诗派在全国确立地位的象征。

“岭南三大家”中，除了屈大均与荔湾有着密切的关系之外，最年长者梁佩兰（1629—1705）在康熙二十八年（1689）辞官返乡，就定居在西关丛桂坊，写诗著文，创办诗社，全力推动广东诗歌创作。梁佩兰曾与志同道合者共结兰湖诗社，又与屈大均、陈恭尹主持越台诗社、东皋诗社、浮丘诗社、探梅诗社等，同时他在广州光孝寺重挂诃林净社大旗，被时人推崇为“诗坛盟主”“诗坛宗匠”。

屈大均、梁佩兰对于推动岭南的诗歌创作贡献巨大，到了嘉、道年间，广东诗人不断涌现，此时诗坛佼佼者有“粤东三子”之称的阳春人谭敬昭、香山人黄培芳和番禺人张维屏。鸦片战争后，一批反映当时民族危机与人民苦难的诗人活跃于中国诗坛，如谭莹、朱次琦、陈澧、简朝亮等等，而后世雄直的岭南诗风则得益于屈大均、梁佩兰等先驱的开创。

明清时期，中国小说进入丰收之年，珠江三角洲地区的小说创作、印刷、发行姗姗来迟。据现在看到的史料，广东直至清乾隆末年以后才有本土作家创作的小说问世，广东最早创作和印行的小说是乾隆五十九年（1794）的《岭南逸史》，作者是嘉应州（今梅州市）人黄岩（约1751—1830），《岭南逸史》反映明代历史上广东少数民族瑶民反抗官府斗争的事实，颇具地方特色。

与西关有关的清代小说名为《蜃楼志》，亦称《蜃楼志全传》，作者署名是“庾岭劳人”。此小说共24回，现在看到的版本是嘉庆九年（1804年）刻本。故事讲述了广州洋行富商苏万魁被海关关差赫广大敲诈勒索，只好隐居乡间躲避迫害，不幸遭强盗掳掠，气绝身亡。其子苏吉士继承父业，锐意经商。侠士姚霍武因遭官府诬陷入狱，劫狱后与吕又逵、冯刚等英雄好汉落草为寇、劫富济贫。恶僧摩剌作恶海疆，骚扰百姓，朝廷兴师讨伐，屡战屡败。因苏万魁曾施恩于姚霍武，苏吉士为朝廷招安了姚霍武，剿灭摩剌。小说展现了乾隆、嘉庆年间以广州为中心的岭南地区的社会状况和世态人情，与《金瓶梅》《红楼梦》等明清章回小说一样，《蜃楼志》带有很强的市民色彩，文笔细腻、情节生动，人物性格鲜明。

荔湾除了为传统文学艺术贡献杰出诗人和小说素材外，也直接孕育了词的金色年华，说到岭南词人就绕不开西关，先抄录两位词家为西关小画舫斋主人黄诏平所题词作，一首是黄节的《题绣角笺》：

本是临安劫后灰，断笺何意更新裁。百年人物全非旧，一纸沧桑已再来。往事丛残争入眼，水窗明瑟共衔杯。为君题句非缘物，侧理乌阑岂是才。

另外一首是陈洵的《绕佛阁》：

荔湾追凉，经黄诏平别业，感念往年觞咏之盛，怅然回棹，次美成韵。

镜空翳杳。蘋外鹭立，微照溪馆。灯梦摇短。暮凉晕入疏花透窗幔。到门涨满。应恨未解，人事廊远。兰棹柔婉。坐看浩渺沧波泛颓岸。旧侣怅离索，静掩书帷添日线。谁耐荡愁西风吹酒面。听暮笛沉沉，银漏催箭。有情才见。记泪蜡纵横，诗思零乱。水天宽、闹红仍展。

20世纪，岭南诗词领域的大家有“黄诗陈词”之说，黄指的是黄节（晦闻），陈指的是陈洵（述叔）。两人都是广东近代诗词的领军人物，同时在国内也非常有影响力，而且都与西关有着密切的关系，陈洵还世居西关，他的词艺离不开荔湾的滋养与哺育。

陈洵（1871—1942），字述叔，新会人，从科举角度来看，他是一个失意者，不过，陈洵精于填词，1921—1930年，在多宝南横街2号设馆教学，室名是“思蛤蜊室”，他的崭露头角，据说是由于梁鼎芬与朱疆村的赏识。

梁鼎芬于光绪三十三年（1907）弹劾袁世凯及庆亲王奕劻载振父子后，去官归粤，定居荔湾，辛亥革命那一年（1911）闰六月在南园雅集，陈洵填了一首《瑞鹤仙》，被梁鼎芬激赏，于是有了“黄诗陈词”的提法。

朱疆村为晚清四大词人之一，光绪三十年（1904年），曾为广东学政，因与两广总督岑春煊不和，朱引病退职，寓居苏州，任教于江苏法政学堂。他所刻《疆村丛书》，搜集唐、宋、金、元词家专集163家，遍求南北藏书家善本加以勘校，为迄今所见比较完善的词苑大型总集之一。

陈洵与朱疆村的友情纽带还是粤剧，当年粤剧女班兴起，名旦李雪芳独步一时，以《仕林祭塔》一剧轰动全省。李雪芳1898年在西关出生，是20世纪初广州著名粤剧全女班“群芳艳影”的正印花旦。

李雪芳当年在梨园都有着极高的知名度，康有为将她与梅兰芳并列，有南雪北梅之誉：“余一夕聆其《仕林祭塔》李唱大段反线，衬以幽雅柔媚之粤胡、木鼓、砸琴等乐具，备报悦耳，惟一闻锣铙之声，又觉震耳欲聋，雅俗之判，相差不啻霄壤矣！”

陈洵也非常喜欢看李雪芳的《仕林祭塔》，1919年2月，陈洵到海珠大戏院看李雪芳演戏，曾赋《绛都春》一词相赠，词云：

烘炉润鼓，渐春到镜奁，明珠光曙。汉苑洞箫，初试东风，流莺语。吟壶曾结神山侣，共欢夕，梅边尊俎。岁华依约，红裁翠剪，采花钗股。休负，双鬟为识，乍回首是在，骄尘红雾。蘸语夜潮，回烛风廊，凌波步。霓震新按云韶部，便不是，当年宫谱。会看声动枢南，唤雷启户。

1919年，寓居上海的广东人在虹口北建起了“广舞台”，有400个座位，结束了上海没有粤剧舞台的历史。广舞台落成，特聘家乡的名旦李雪芳来沪演出，当李雪芳到上海时，名流们设宴欢迎，朱疆村也在座，李雪芳把广东诗词大家赠给她的诗词出示座上，朱疆村取诸人作品一一看过，没有一首满意的，等看到陈洵的词，禁不住一跃而起，击节叹赏。当场说：“并世词流，惟‘况周颐’可与抗手，我几乎失了此人啊!”事后，出于怜才爱才的一片好心，朱疆村托人向陈洵索取作品，陈洵把自己的《海绡词》寄给他，朱阅后非常满意，并自己出钱交西泠印社刊行，此事一时传为词林佳话。

国粹之中，中医因为现实的需要，较为容易传承，吃美食、看中医、喝凉茶等等，不仅救治身体，而且安慰心灵，合在一处，成为老荔湾不可割裂的生活方式。过往，荔湾区有两个名中医汇聚之处，一个在龙津中路，另一个是和平西路，两处都有数十家私人开设的中医馆。

和平西路50号是一处连排七栋、高四层的大体量建筑，曾经众多名中医选择住在这里，包括刘赤选、许玉书、叶伯良、庄省躬、庄伟雄等等。往东走，何蔼谦在和平西路33号执业，孔昭鉴在和平西路35号执业。刘赤选（1897—1979）是顺德人，广东省名老中医，代表著作有《温病学讲义》

《伤寒论讲义》《刘赤选医案医话选》等。

庄省躬的医馆就开在和平西路50号，庄省躬出生于清光绪二十年（1894），庄家是个典型的书香世代之家，他的先祖六代功名不绝，历任文澜书院绅董，而且又是以医学传家。叔祖庄尔括是个举人，兼通医道，居名叫“佛生堂”。庄省躬少承家学，也是一代儒医，不仅医术了得，文章也很拿手，书法习颜体，写得有模有样。

民国3年（1914），庄省躬从广东高等师范学院毕业，进入广州医学社攻读医学，三年后以最优成绩毕业，接着又进入广东中医教员养成所继续攻读中医，成为该所第一届毕业学员。广东中医教员养成所是1917年“广州医学卫生社”原社长陈月樵在小东门清水濠创立，由陈自任所长，李式乔任副所长。庄省躬从广东中医教员养成所毕业后又拜顺德名医伍琼石为师，并在方便医院（今广州市第一人民医院）实习三年。其间，又向当时名医朱锡昌博士请教，力求贯通中西。

庄省躬精于治疗脑膜炎、温病等，对治疗温病有独到之处，能药到病除，被称为“万家生佛”。后历任方便医院董事、光汉中学教授（后兼校长）、省立国医学院筹委会顾问等职，邹鲁推荐他为南京中央国医馆名誉理事兼省国医分馆董事。

1920年，设立在西关十二甫的中医公余别墅改组为“广州中医公会”，性质由原来的学术团体改变为职业团体。

“广州中医公会”成立初期采用会长、评议员制，通过选举由锺宰旋任会长，评议员就有庄省躬、马衍奇、李玉琦、谢培初、谢香浦、崔六乔、梁慕贤、招达和、马瑞春等人。

除了和平西路，其时西关地区的龙津路也是一条有名的中医街，古绍尧就在龙津东路664号开设医馆。

古绍尧生于1885年，祖籍广东五华，他的家世没有庄省躬那么显赫，自幼入私塾苦读，中医主要靠自学，行医之前，是乡里儒生。古绍尧除了行医，后来还专注于教学，桃李满门，已故广东中医院副院长黄耀燊、广州中医学院客座教授罗元恺、荔湾区中医院原院长胡肇基以及杜蔚文、杜明昭、蒋钧堂、区金浦等一批广东省名老中医，均曾受学于他的门下。

当然，除了和平西路和龙津路，为了方便市民就近就医，也有一些中医名家把医馆开在西关的其他地方。1904年，广东省中医骨伤科名家何竹林在西关文兴大街挂牌行医，后来迁移到长寿路乐善戏院旁开设医馆， 1936年后，搬到光复中路252号继续开诊所，故居至今仍在，楼上牌匾“何竹林”三字依稀可见。

何家与庄家一样，都是世代行医，不同的是，何家是以武行医，何竹林和父亲何显良一样，酷爱武术、擅长骨科。中华人民共和国成立后，何竹林担任广东省中医院外科主任、广州中医学会正骨委员会主任，何竹林治疗骨伤的手法、医方、用药都有自己独到之处。

将西关文化放入广府文化、岭南文化、中华文化的大环境中考量，我们可以发现，每一种文化都有自己的生长周期，广府文化的发展同样经历了培育、融合、成长、成熟等各个阶段，西关文化置身其中，无法孤立地成长，它诞生于明清，正是广府文化逐步趋向成熟的关键时期，在经、史、诗、艺等方面，广州已经拥有了一支队伍，也打下了坚实的学术、思想基础，在这个基础上，西关的文学、艺术之花才开放得如此娇艳。

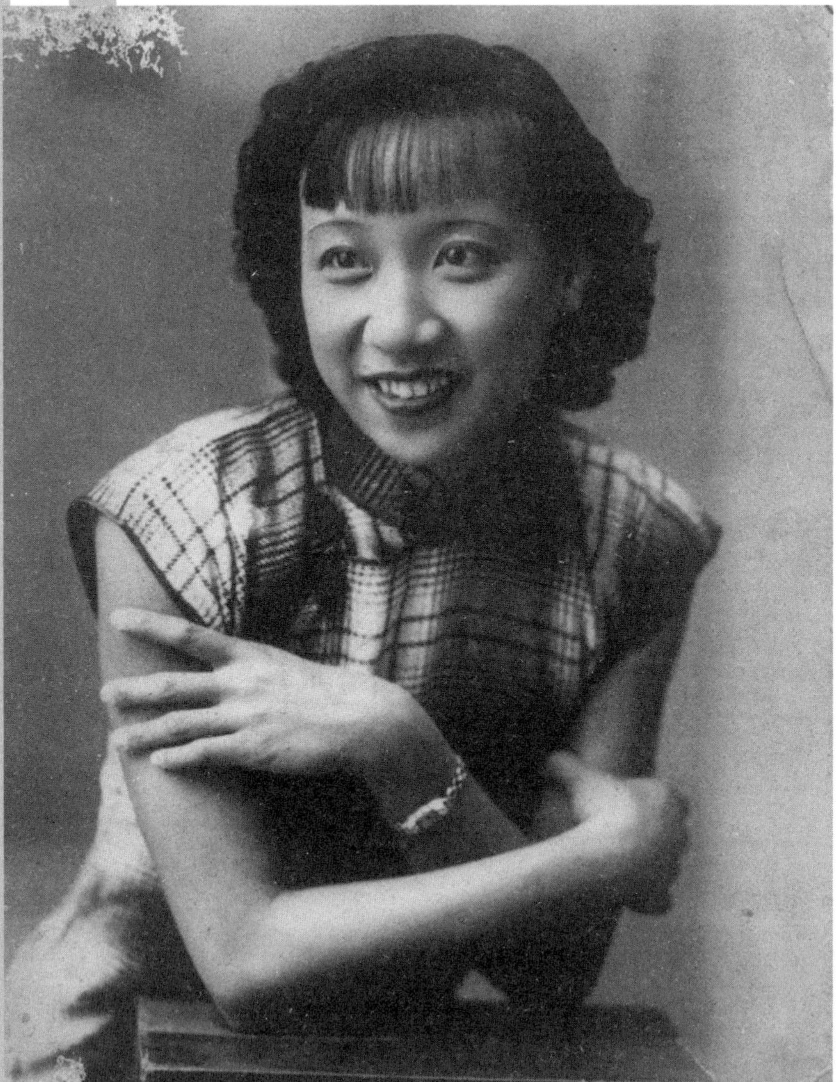

20世纪30年代的西关小姐

西关小姐：城市人的先锋

什么时候，城里人变为城市人？关键的第一步便是城里变成了城市；第二步是城里人过上了城市生活；关键的第三步是城市建立了自己的文化体系。

其实在当时的西关，无论是经济的命脉还是文化的主流，都不掌握在西关小姐而是他们的父辈手里，她们是那个时代文化的配角，但是，民间记忆最终选择了她们作为那个时代的记忆符号。

古代，住在城里也就是城墙范围里的人也许是城里人，但绝对不是城市人。

城市人是城市文化的主体，在1921年2月广州成立市政厅，“广州市”成为国内第一个现代意义上的“市”之前，清朝及之前所有的朝代，城墙围住的并不是城市人。城墙之内，东西两边，分归番禺、南海两县管理，沿用的管制方法还是乡村那一套，家住荔湾意味着地方行政长官不是市长而是县令，当然，县令的管辖范围远不止城墙之内的半个广州那么狭小，城墙之外的广袤原野也是他的势力范围。

什么时候，城里人变为城市人？关键的第一步便是城里变成了城市，城里有了马路、工厂、学校、医院、剧院、电影院、百货商场等城市必备的硬件设施，城市不仅仅是生活空间也是享乐空间。

第二步是城里人过上了城市生活，用上了抽水马桶、电灯电话，看到了外国电影，学到了科技知识，城市人的生活方式、教育水平、消费习惯甚至衣着打扮统统与乡里人完全不一样了。

关键的第三步是城市建立了自己的文化体系，不再是乡村文化的容器，城乡差别在近代广州最终的表现形式是文化。蜕变时期的城市人该是怎么样的？西关小姐解答了这个问题，西关小姐是城市人的模板，在近代，一个城市的年轻女性群体脱颖而出、闪亮登场，成为城市文化的代言人，她们具有独立个性、自我主张、群体意识、事业追求等城市文化提倡的价值观念，西关小姐的文化意义和先锋价值便在于此。

其实在当时的西关，无论是经济的命脉还是文化的主流，都不掌握在西关小姐而是他们的父辈手里，她们是那个时代文化的配角，城头大旗变换之间，是文澜书院、粤商自治会的大佬们叱咤风云，决定着城市的未来。

民间记忆选择了那个时代的年轻人作为记忆符号，西关小姐如斯，东山少爷也如斯，东山少爷的父辈手中掌握着政权、军权，东山少爷和西关小姐一样，年少无畏、生气勃勃，显出了另类的新锐，被传统推选出来，成为创新的符号，不过相比西关小姐，东山少爷的影响力就弱了很多，他们没有西关小姐那么多杰出的代表人物，也没有发挥领风气之先的作用。

要想了解西关小姐，必然要先了解传统的广州女性。广州传统女性和中国传统女性一样，属于“三无”人员——社会方面无地位，职业方面无事业，个人方面无权利。女性的解放从解放自己开始，西关小姐从追求个性独立开始，一步步前进，去追求职业的发展、社会的地位。

没有广州，没有荔湾，便没有西关小姐；没有传统，没有创新，也没有西关小姐。

二十世纪二三十年代，一个崭新的城市文化环境在广州蓬勃兴起：工业企业大量涌现，商业和金融业代替农业成为城市的支柱产业。城市因经济腾飞而变了模样，这其中包括百货大楼、电影院、游乐场等现代消费方式的建立，报纸、杂志等印刷文化带来的潮流资讯，新式学堂传播科学知识，新的城市文化语境既包括高雅的、传统的古典文化，也加入了新式电影等构筑的大众文化、舶来品构筑的消费文化，以及从1918年开始广州市政建设突飞猛进带来的现代公共空间。

西关小姐是社会新风尚冲击旧家庭的产物。

大部分西关小姐来自西关大户人家，荔湾区文联原副主席谭白薇回忆了她的外婆黄秀兰。黄秀兰是南海平地黄家族后代黄若波之女，黄家是西关大户，他们的财富足以支持年轻一代的西关女性进入最时髦的大新公司消费欧洲的香水，进入美华电影院观看美国电影，黄秀兰的名字是她自己根据喜欢的电影明星秀兰·邓波儿改的。从教育来看，黄秀兰是坤维女中的学生，她们接受的不仅仅是旧私塾的传统教育，还有新学堂的新知识和新观念。

中山大学教授黄天骥在西关长大，也非常熟悉身边的西关小姐。黄天骥教授回忆了西关的麻石巷，认为那是过去最宽、最有气势的马路，西关大屋集中在宝华路、多宝路、逢源坊、华贵坊一带，是当时的豪宅群；在教育上，真光和坤维都是女子学校，不少西关小姐都是在坤维或者真光就读，大学则去了岭南大学。西关小姐初期穿的也是宽松的长袖大襟衫，后来进化为半袖的旗袍，最后才是无袖的旗袍，剪裁也由原来的宽松变为曲线贴身。

与乡村和古代城市不同，近代城市提供的职业选择更加丰富，律师、医生、护士、教师、演员等全新的工作出现在广州，外来西方文化的影响以及社会能见度的扩大，使得西关小姐不再只是呆坐闺房，而是走出家门寻找职业上的寄托。现代感满满的大家闺秀比拼的不是谁家更有钱，而是谁工作得更充实，邓家四小姐邓纤霞是邓华熙的孙女，她勇敢走出家庭，尝试最新潮流，在新民电影公司《胭脂》一片中饰演女主角，家里人虽有意见，但也最终接纳了她的选择。

在新时代成长，表面上追求的是新生事物，但是，在传统中浸淫，骨子里的还是温良恭俭让的传统道德，西关小姐有着看似矛盾的对立统一。黄天骥教授认为：西关小姐是清末民初至20世纪30年代居住在西关一带，出身富裕人家，接受当时开放思想教育的知识女性，西关小姐也是新女性的代名词。

近代中国女性登上历史舞台，很多与革命有关，例如主笔《无锡白话报》的裘毓芳、烈士秋瑾、中国同盟会第一个女会员唐群英等等。还有很多是海外学成归来，突破了男性一直垄断的领域，例如与丈夫合译儒勒·凡尔纳《八十日环游记》的薛绍徽、创办了天津第一所护士学校的金雅梅、中国第一位女律师郑毓秀、中国第一个大酒店女性总经理董竹君、中国第一位入选“巴黎美术展览会”的女画家方君璧、中国第一位大学女校长吴贻芳、中国第一个女性著名建筑师林徽因、中国第一个女教授陈衡哲等等，都是这样的成功模式。这些突破常规的女杰也有相当部分来自广州例如朱慕飞，但是基本上分散在全国各地，并没有形成一个地方性群体，西关小姐却不是这样，西关小姐的最大亮点在于它代表了一个地方女性的群像。

追究西关小姐的来由，我们可以得出这样一个完整的链条：女学的兴盛是起点，女杰的出现是中点，女界的形成是终点，教育—就业这一全新的链条赋予了女性新的社会身份，造就了西关新女性群体。

中国新式女学的创办，发轫于教会女学。西方教会很早进入广州，较早在西关建立女学，以至“各省女学堂未兴，惟上海、广东有之”。清末在广州创办的女学大部分隶属于教会，初期只能免费招收贫困家庭儿童，后期却成为贵族学校的代名词。从1860年到1907年，广州出现了约40所女子教会学校，其中最有代表性的是美国人那夏理女士于1872年在沙基金利埠创办的真光书院，还有1887 年美国女传教士容懿美女士在五仙门主持创办的培道女塾。

教会办了中学，还要办大学。1899 年，由美国长老会委派富利医生在广州西关逢源西街尾（今龙津西路逢源西街）主持创办了广东女医学堂，1905年改称夏葛女医学堂，至1920年，该校培养出了160多名合格的女医生，这些毕业生的足迹遍布全国乃至世界各地。

当时能进入夏葛女医学堂的女子既要有志气，也要有财力，事因夏葛女医学堂所收学费不菲。每年的学费80元、房租12元、膳费25元，电灯、洗衣、茶水等杂项18元，还有4年约30元的书籍费等。以上收费，一律以港币计。20世纪20年代收费标准提升较大，每学期学费超过港币500元，非一般家庭所能承受。

广州本地人士兴办女学的风潮，始于戊戌维新前后。在西关开办的时敏学堂的著名教育家邓家骧等人可谓是开路先锋；刘佩箴、杜清池则在西关逢源西街尾创办广东女子学堂，后改为坤维女子学堂，即坤维女子师范学校的前身；1901年，毕业于夏葛女医学堂的广州女子张竹君开办育贤女学，张竹君聪慧豪爽，是一个极为出色的西关小姐。

通过学校、学习进入社会是西关小姐从事社会工作的途径，女性参加工作带来的另外一个变化是亲缘之外，业缘出现，人与人之间的关系纽带变得更加丰富多彩。古代中国用文化价值、道德观念管理社会，女性的文化价值便是“三从四德”，近代荔湾女性通过自身的努力完全打破了“三从四德”的束缚，拉开了沉甸甸的大门，走出了家庭，走上了社会。

突破是西关小姐最具亮色的地方，被称为“中国第一个南丁格尔”的女西医师张竹君，父亲是三品官员，家境富裕，本来她可以做一个大门不出的千金小姐，但张竹君选择了“大出风头”成为一名女性先锋。她开始就读于博济医院附属南华医校，后转入位于西关的夏葛女医学堂，1900年以优异的成绩毕业，成为中国历史上第一位女西医。

在闺中密友徐佩萱（后改名为徐宗汉）变卖首饰妆奁的

资助下，张竹君在荔湾开办了禔福医院，自任院长，专为贫民治病。两年后，两人又开办了南福医院。广州市文史研究馆馆员兼文史学术委员会主任陈泽泓认为，这是“在广州开创了由中国人自办医院和女子任院长的先河”，之后她又将南福诊所改为育贤女学。

张竹君的好友徐佩萱生于1876年，广东中山人。1907年加入同盟会，在南洋、广州进行革命工作。她曾参加广州新军起义和黄花岗起义，后与黄兴结为伴侣，张竹君也多次帮助过黄兴、徐佩萱的革命事业。

张竹君性格奔放张扬，夏天，她喜欢在荔枝湾雇一艘花舫，广邀好友乘船消暑纳凉。在广州行医时穿男装，梳男式的大松辫，不戴耳环，穿男式的学士鞋，“喜人呼之为父”，收养的20多个孩子都叫她做“爸爸”。

不仅性格外向，张竹君的思想观念也非常新潮，她鼓吹维新思想，呼吁男女平等，被人称为“妇女界的梁启超”。当时聚集在广东的名人如余伯扬、胡汉民、马君武等人都与她过从甚密。她为女性的权利鼓呼，写过一篇长文刊登在《警钟日报》上，文章细数中国女性所身受的十一种“险境”，进而从女性自身出发，指出“险境”的原因，在于“一由于不知学，一由于不能群”。于是她想联合大群体以求女性自决和独立，她说：“鄙人窃不自揣，志欲联合海内诸女士为一大群，取数千年之恶习扫除而更张之，举此十一险者殳夷而平荡之，永不留此恐怖之境遇于吾同种。”

女学启蒙智慧、提供就业机会，女杰登高一呼、万人敬仰，最终的结果诚如张竹君所言，是女性群体的解放而不是个别西关小姐的出走，女界的形成在那个时代难能可贵，在西关，女医界、女教界是最先脱颖而出的女界。

回头再看，夏葛女医学堂及其附属的柔济医院、端拿护士学校在当时功不可没，柔济女医数量众多，作为一个群体，在广州新女性阶层中尤显独特，更难得的是，她们之中星光熠熠、明星闪耀。

张竹君是柔济女医群体的杰出代表。除了张竹君，还有不少名医例如梁焕真、黄玉英、梁毅文等都出自夏葛女医学堂。1907年，梁焕真与梁培基等发起创办光华医社，筹办医校和医院。黄玉英在广州汝南洲开办保生医所，后与其夫创办保生产科学校，自任校长，专司妇女助产接生。

梁焕真是夏葛医学堂1905届毕业生，她曾经在自述中写道："柔济，博济医院者，余生长之地也……比十五岁，既入本院附属之学校习医……三四年时，化学教授徐君甘棠来，徐君热心革命，课余往往高谈历史，并陈革命之理，余深受感动，亟欲投身革命，同时施医生梅卿，亦具此志，二人深宵论事，扼腕太息，可谓德不孤矣。"在校期间，梁焕真受化学老师的革命思想启蒙，与校友施梅卿探讨革命真理，毕业后她加入同盟会，与徐宗汉、高剑父、朱执信等人组织广东革命办事处，后来又筹办产科学校，组织光华医社，以推动革命运动。

人生如戏，尽入角色

梁毅文（1903—1991）是我国妇产科学界的泰斗，与协和医院林巧稚并称“南梁北林”，梁毅文也是从夏葛女医学堂毕业。不过，她入学时间较晚，是1919—1924年在夏葛，毕业后，梁毅文也就留在了柔济医院也就是后来的广州医科大学附属第三医院。

西关小姐在当时并不是赢得掌声一片，报章上常常有讽刺、嘲笑的声音，“长堤十八甫之间，危楼高耸，五光十色，如览宝船，鬓影衣香，熙来攘往，登徒充斥，咸相耳语曰，‘此所谓自由女游公司也’……少年为讨好女子计，不惜黄金虚掷，以博其欢，故公司所入，日以万计。”

走到今天的“西关小姐”，在内涵、外延两个方面都与旧时“西关小姐”大相径庭，荔湾区举办过两届“西关小姐”大赛，从参赛选手情况来看，西关已经是一个更广大的地理概念，西关小姐是一个更开放的群体。有近三成的选手表示自己的广州话并不流畅，显然，她们来自大江南北，年轻一代心目中的“西关小姐”是什么样子？有选手这样回答：“我心目中的西关小姐应该是恬静的大家闺秀，琴棋书画无所不通。”还有的选手认为：西关小姐应该有自己的个性，应该突破传统大家闺秀形象。

时光过去，有些光彩并没有黯淡，有些坚守并没有改变，西关小姐的先锋意义和传统面貌并没有被人忘却，这是年轻一代在城市遇到变革时做出的勇敢选择，她们敢于创造一股潮流、敢于走出自己的路，这样的勇气和胆略，遗传自她们的父辈，也将遗传给她们的后代。

俯瞰荔湾湖

后记：追溯时间长河中的荔湾及其文化观

一

一个有文化生命的民族，如果不理会其历史源流、来龙去脉，那是一种数典忘祖。但如果一个民族有其最原初、最本根的文化，而我们又去忽略，那则是另一种妄自菲薄。

如果说，历史、文明史、城市史是宝贵的财富，传承得当，就会增值，处理不好，就会成为包袱。同样，历史可以给每个人一种重要的精神滋养，对历史的认识，和爱国精神的培育是分不开的，也不妨说，和爱城爱家的自觉自信、认同共识也是分不开的。

广州的城市文化，并非单一的、囿于地域而生成的文化，而是在漫长的时间里，在各种流变与文化汇聚碰撞蜕变后融汇生成的，聚集了历史的风烟、时间的沉淀、雨露阳光电闪雷鸣的洗礼，才成就了广州文化的特质，才成全了广州文化的本土属性，此中况味，不深入探寻思考，不认真廓清谬误，是很难把握其中真谛的。

所以，这样的书写研究才是我们愿意恪守和竭力企及的，要有思想的高度，站在历史文化的大背景前，满怀敬畏和谨慎；也要有哲学的穿透力与思辨力，要透过表象去触碰真相，要有言之有理有据的判断与定义；更要有人文的情怀，有专业的良知与境界，没有温热的研究只是一堆史料的堆砌，没有高度烛照的梳理，似乎难以感应过往留下的光影，没有专业担当的研究，就难以有热情融汇的使命感。而这一切，也许无不包含着让我们对文化发展过往肃然正视的力量，所有的基因烙印，所有的气息留痕，都终将成为一种生生不息、绵延不绝的文脉。

这种研究的价值与意义，就在于传承与传播的有效作用，保留文化背景是怎么生成的依据，一方水土是怎么养育出一方人文的缘由，无论横向是如何多样，纵向是如何多变。

而文化导向与社会流变的取向，终将会匡正生存的文化氛围，提升生活的目的及其价值要义。我们特别强调的文化传承与传播是首要的，守护与认同好自身独特的文化和传统，才能在全球化与现代化的序列中，找好自己的定位与方向，找准自己的支点与自信。

史识与文心无疑是最好的驱动器，从改变思维模式开始，重新注视和评价我们的文化，这无异也是一场持久的传承，甚至是一场旷日持久的守望，可以肯定的是，在这种守护里，会得到一份丰厚的馈赠。把那些纸上记录的文字，或者口耳相传片断的零碎，澄清还原为一种史实与判断，那是多么有意义和有价值的事情，也是一件多么富于创造力和想象力的美好的事情，背后肯定有一代接一代人深沉的情感，有植根于血脉的文化相通，这是任何东西都难以瓦解的力量。

我们希望拥有这样虽说粗糙但不无强大的力量，胜过对历史与记忆虚伪的粉饰或者人造的打扮。我们更需要用新的观念、新的判断与定位、新的表达，来传承历史文化，来与现实生活发生更密切的关联，来激活历史文化的扎根性与更活跃的生长机能，从而浇灌新的雨露，长成新的生机与风景。社会和人与环境的必然联系，与历史文化的必然联系，本土与地域性的关联，都是不以人的意志为转移的，这是本土文化的基因，也是本土文化的密码。

二

从历史研究方法的层面而言，总是存在着历史阐释的多样性和阐释视角的多重性，而阐释与判断本身也是一种特立独行的发见与创制。

同时，从历史哲学的层面而言，任何历史研究都是当代史，所关注的问题以及结论，都无一例外地打上了时代的烙印，投射着当下的生存镜像与时势背景，更跟研究与书写的处境密切相关。

否则，不以此为依托和根基的研究，既随意又肤浅，很难触及广州城市文化与西关文化的因由关系。所以，从更大的角度，从大广州的视野来解读西关，从西关的缩影去认证广州，无疑是最有效有用的研究方法，是全局与区域性研究的相互成全，让城市文化对广州与西关的塑造彼此关联，让历史中的文化因素所产生与起到的作用，能够真正地呈现出来，让这个可以从新的视角认知广州以及西关的文化语境清晰并且树立起来，地缘特色与地缘优势才会成为触目的景观。

文化自信与文化根脉，从来都是在砥砺与磨合的交替中，在认知与认同的守望中达成共识的。

既要依托于大的历史背景，也要关注好日常生活的细节。广州那些旁逸斜出的生活意趣，不仅使地理意义上的西关更富有广州风味，更具有广州的气息与魅力，而且使这样的本土文化，变得繁茂而富有市民色彩。那些烟火俗常里的温婉和姿彩，恰正是广州平民文化的魅力。

文化的原乡这一定位，有三个层面的落点，一是，西关作为文化的原乡，是地理概念的指认，二是，荔湾作为文化的原乡，是城市内涵的指认，是千年古城发展集聚而成的源头，三是，西关文化作为广州城市文化的原乡，是一个有普泛认识的文化理念。

文化原乡的原，既是原来的原、原本的原，也是源头的源。荔湾作为广州城市文化本原的容器，市井肌理、市貌品相，都一直在传承着，抗衡着时间、时代等的变迁，也守候着被文化多元覆盖遮蔽的还原与澄清。如同财富造就了西关，文化也一直在造就着荔湾。

什么在定义着我们的生活方式？什么在定义着荔湾的城区？无疑，今天由历史定义，文化积累的厚薄定义着今天的分量与价值，城区特色与城区品质，就是这么生成的，城市的历史赋予我们城市的特色，城市的精神赋予我们城市的品格，人文资源的丰富，与生命力的顽强，正是荔湾文化继往开来的支点所在，也是其核心与支撑，文化就是其精气神魂的守护神。

西关文化所具有的三重空间：地理空间、城市空间和文化空间，构成了西关作为广州城市文化原乡的身份识别，有效地建构着荔湾的文化发展框架，其实就是建构完善好其身份与特色的标识，使广州这座城市的乡愁，使一代又一代新老广州人的城市记忆，能成为共建城市家园的精神共识与文化共识，也能有效地在粤港澳大湾区构建文化共同体的过程中，发挥更好的影响力与辐射力。

西关文化的特色，绵密有致，无论是热闹亲和，还是繁华通俗，总是伴随着睿智而低调、灵动而舒展的姿彩，街巷走势，城区的格局肌理如是，街景的布局，骑楼街的亦居亦商如是。借生活智慧来彰显生存哲学，让低调中有和声，反而显现了西关文化的胸襟与气象，显示出这一种广州的特异与品质。世道轮回，总有起伏与衰退，而生活在继续着，岁月在流动着，文化的传承柔韧而又执着，过日子的情趣才会是周而复始的，生存的智慧才会是亘古不变的，始终对日子有一种代代传承的良善的冀盼。

对西关文化的思考与追问，正是对广州文化精神根柢研究的一个缩影，更带有地域乡土的文化自觉与自信，带有对广州本土人文深切的关注与依恋。在一个较长的时间脉络里，来探讨以及还原西关文化的真相、分量、价值与意义，这是试图重新呈现一种还在持久地延续下去的广州文化气象，去展示广州精神的来龙去脉以及质地格调。

三

广州能否发展建设成为一个世界级的城市，离不开这样的两重判断，一方面是它与世界交流交往连接的能力与作用力，各种大都市硬件的指标，都是这个判断的依据。另一方面，则是这座城市有无塑造地方特征与自我形象的能力与影响力，这就集中体现在其创新性与发展潜能上，这包括各种创新，而诸如饮食文化、商业文化的创新传承发展，则无异于让广州更有底蕴、更有生命力、更有宜居宜停的吸引力，这是最直接的具体呈现，也是广州独特标识与唯一性的最好展示。这些聚焦，无疑都纳入了我们的研究视野里。

比如，以名声在外、大名鼎鼎的“食在广州”为例，那就是广州城市文化真情真趣真味的活化外现，亦是活色生香的城市招牌。

从文化的意蕴与坐标来进行勾勒，食在广州是如何通过时间、传统、创新、风俗习惯等构造出来的？是如何通过天时地利人和的契机，来自我成全为不一样的广州饮食、自成体系自带风采的广州饮食？

历史观、价值观、生存观的共识非常关键，以此为背景，文化研究才不会跑偏。如此探寻，可以窥见，广州的饮食文化，有三个层面的建构：

一是独具特色的粤菜精华。沉淀到今天，食在广州赢得了天下关注的口碑，有了自身的话语权，真正发出了自己的声音，有世界范围内权威的认定，有最广泛的传播，有最丰富的呈现。

二是别具一格的饮食风格。讲饮讲食一旦提升到风格，提升到独特性和唯一性，就不仅仅是出色出彩那么简单，而是形成了一套无法替代的、自成一派的体系，体系就意味着荦荦大端、大有深意、饶有深度。

三是闻名遐迩的饮食习俗，春夏秋冬不时不食，各有俗例，而饮茶则成为一个标杆，一个食在广州最大的亮点。由是，不得不与文化发生关联，不得不从广州的文化意蕴铺陈开去。

从文化的意蕴与情趣着眼，广州文化与“食在广州”建立了三个支点的关系：一是具备了生存的智慧，无论是太平盛世，还是动荡岁月，都能守候着日子，如同守护着生命。二是物阜人丰的先决条件，有食材，有出品，还得有钱有心性，吃好吃妥成为生活的一种共识。三是天时地利人和的优势，达成了天人合一的生存之道，才能使饮食文化如逢沃土春雨、蓬勃生长。

对“食在广州”的文化解读，也有三个真相：

一是真情，把日子捧在手里，敬畏生活，侍奉日子，既有理念的哲学化，有观念的高度，有精神层面的表达，亦有物质的直接受惠，有口福的感恩与礼颂，从形到神都有了诗词歌赋的记录，将烟火俗常的饮食作了最文化的传播与显现，名联诗赋，与酒楼食市的名气品牌，相辅相成，相得益彰。

二是真趣，所谓生存的智慧，就是过好每一天有趣快乐的日子，这是通透、达观的人生观。以市民为社会主体的广州，生存氛围的平等平和更为宽松自适，人情往返、礼尚往来，讲意头、重手信，将过日子的敬畏与祝福，都寄寓在一饭一蔬上。

三是真味，讲究的是天人合一的自然观，万物出于土亦归于土，人在其中，饮食就是其中的杠杆，用味广博，不时不食，所以才有生猛、新鲜、丰富、出神入化、敢尝天下先的做派，才讲究原汁原味，讲究不同的方式方法、策略战术，把烹调制作弄得条规井然、风生水起。饮食文化理念上的融汇、兼容、吸纳、变化，形成了别具一格的有传统、无正宗的活力与后劲，如此形成了饮食文化的广博、深入与引人入胜。

饮食文化之于广州，不再是单纯的吃吃喝喝，而是体现了这座了不起的城市的生活观、人生价值取向以及审美的世俗高度，才有了海纳百川、有容乃大、包罗万象、丰富多彩、五花八门、敢尝天下鲜。这正是我们要对广州城市文化进行的一种高度的判断、一种价值维度的开敞、一种人文意义的提炼以及生存发展真相的呈现。正因如此，广州城市文化中的饮食文化，以及所依附的生活方式，才具有不可抗拒的、不可排斥的感染力。

比如，再以“西关小姐”这个百年称谓为例探讨。

“西关小姐”无疑是西关文化一个显赫的品牌。那是文化在群体具象中的呈现，不一样的文化就会塑造出不一样的群体以及个人，就会有不一样的形态、动静、衣食住行的品位，进而展示出不一样的思想，身心不仅关乎文化，还关系到社会的生存氛围以及生存时空，以及由其营造出来的开放性与独特性，社会推动程度与道德规范意义。由此“西关小姐”就成为传统与现代并存、中与西混搭的这么一个文化符号，是由其时的社会环境与文化流通所共同催生的。

又例如，十三行之于商都，之于现代文明的理念雏形与经验积累，都在用史实的生动演绎，阐释着信用、诚信、承诺，对成为国际商都的文化叠加与储备，阐释着这不仅是商业文化的价值所在，也是现代城市文明的雏形。商都由商城源起，重商性与商业文化的发达形成奇观，这与成千上万的个体户、民营企业撑起广州经济强盛的半壁江山，其作用所在，恰是一脉相承的。

又例如广州本色，西关引领风骚，旧城格局与广州风格特色的论述，旨在探讨两者是如何相互成全与相互造就，才有了广州城市特色风貌的意义所在。如同城市的现代化与学习西方的城市文化是密不可分的，这也是城市国际化发展的一个路径。

四

进行文化源头的追根溯源，进行文化原乡的梳理、总结、归纳、提升，目的不外两点，首先，除了留下一个时间的轨迹，搜罗事件发生的遗存，还应该追问，历史给我们的今天带来了什么样的影响，留下了什么样的基因？在其发展进程的时间过往中，留下了什么样的里程碑，直到现在还在持续的，或显或隐地产生着什么样的作用。

其次，今天作为历史的延伸点、时间的一个连接点，我们要传承什么？如何把有价值的传统带到未来？继续给时间留下这个时段的印记。

这需要打破区隔的思考，也需要有理有据的阐述，更需要准确的定位和判断。任何的梳理归纳都要有这样一个明白清晰的判断，而非道听途说一知半解的人云亦云以讹传讹，如此历史的回顾才有认识的价值，研究才有拓展提升的空间，才能让对过往的展望有更高的视野。

寻索广州历史文化的原乡，用意与用心就在这里。

磨合—改良—接受—发展，这样螺旋式上升的研究路径，与了解—认知—认同—达成共识的接受链接，如出一辙，都取决于观念革新，也就是说文化观念决定着文化发展的目标与路径、认同与共识。

历史，并非学术标本，故纸陈言。城市历史，是流布在城市肌理中的血脉基因，是城市文化的源头与延伸的起点，是城市精神的灵魂和结晶。

生活与生存的背景发生了很大的变化，日复一日之后变成了经年累月的积累，即使是在同一时间空间下，要传承的内容，要面对的现实，毕竟是不再一样了。而文化研究，能使时空的阻隔、观念的模糊、观点的陌生重新被看见、被理解、被触动，从而殊途同归，达成认同上的共识。

历史的衍传递进，从来是一个迷宫，不同的切入点，就通向不同的路径，而文化研究则是抬头时满天星斗，有助于明辨方向。此刻，价值判断就成了历史文化研究的指南针，它能让我们的探寻与确证，通过现象以及现象的背后，通过千丝万缕相互关联的线索，认清辗转曲折的来龙去脉，由此，研究的价值判断才算是落到了实处。认知过往，才能更好地理解进而把握现实，把握其意义与分量，只有这样，才能更好地去描画它的未来。

对历史文化的探索，就是为了重返原乡，重溯文化的源点，只有重新直面这样的历史文化谱系的判断，研究的价值才有可能呈现出来。思想的高度、史学的穿透力、哲学的思辨均缺一不可。

回望城市发展之路，有一个聚光的效应，也是一个浓缩的时间长河的投影。

广州城市的文化自信来自文化的认同，基于文化认同基础上的发展才会注入创新的生命力。随着“传统谱系”受到越来越多的重视与完善，“西关品牌”已经成为广州城市底蕴的标识。对西关文化的分量认定与传播效应的肯定，才会促进广州历史文化得到更有方向感与自豪感的彰显与导向。

广州文化的多元，与文化的融合，都是一个复杂的历史现象，也是一个现实的生态。由是，达成文化共识无疑成为一种自觉的也是自信的选择。

认同广州文化，就如同自称“我是广州人”的表达一样，并不是简单的一句：标明你居住哪里？来自哪里？而是表明自己的城市身份。强调自身城市文化身份的意识，才能强化文化认同。只有不分贵贱，不分贫富，不分等级地具有强烈的文化“共同体意识”，这种以文化自豪感为核心的文化认同才能发挥更大的作用。爱国爱城，重视本土，重视历史，无疑是基础的落脚点。这样才能确保文化有根的属性，有文化基因的属性。

改革开放40多年我们做了两件大事，一是对于历史传统文化的尊重、维护、活化和创新，因为文化的特色与魅力来自扎根传统，守护文化就是一种传承，是因不同的文化品质决定了不同的城市格调与生活方式 。二是对外来文化的学习、借鉴、扬弃，西关一直都是开放的窗口，融汇与创新则是养育文化的又一种传承。

广州共识离不开对自身城市文化达成共识，而广州共识以对西关文化共识为基础，才能更好地把有价值的传统带到未来，才能持有创新及发展的源点与后劲，千年商都的价值，既是广州生存方式的价值，也是广州生活文化品牌的价值。

五

但凡研究或者书写，都有一个目标、愿望设定的取向，面临着一个写作完成度的问题。这本书的期许，是寄望能够更自觉地去承担、去探究广州的城市文化与西关文化的真相，去追问这座城市文化衍传互生的关联，有理有据地在历史的记录中，去正本清源，以望在多元文化的融汇生成中，突显广州城市文化需要坚守与维护的根基，也就是我们城市文化自身的特色与魅力。

而研究的学术建构，就是本着为广州城市历史立传，为广州的城市人文精神立言的初衷，把文化导引广州城市发展的话语权展现出来，把一个说得清的广州、理得清脉络的广州历史还原出来，这既是我们这座城市的灵魂与底气，也是基础和根基。如同贝聿铭先生在1980年欢迎清华大学访美举办的学术报告会上所说的，“不要忘了中国的过去”，这句振聋发聩的话同样适合本书的主旨，不要忘了广州的历史，不要忽略广州与西关这么一个老城标识的孪生关系。该书写作的目的指向，就是要把广州城市文化的积累与生长的过程梳理清晰，历史感、地域感、文化感三者不可或缺，也就是文化的真相、文化自信的支柱、文化自豪的依托。

在借鉴西方的城市理念框架建构完善的近代广州这座城市，同时作为一个具有千年开埠通商历史积累的城市，其实一直都在印证着如何学习西方城市管理方式，同时，优化着自身丰富的文化传统的传承，在各种外来文化的交流中汲取其中的菁华，沉淀成为自身文化合成的资源和营养。所以这项研究书写，就不是单纯地完成一个项目，而是尽可能地兑现对广州这座城市与西关这片区域的关联度，如同把专业研究与故乡情怀结合起来的愿望，将现代性的城市研究理念，和以岭南文化为基础的传统，以及以广府文化为依托的地域特性——即广州与荔湾的属性、一座城市与一片区域根与源的关系、脉络中线与点的关系，梳理归纳出来，让更有认同感的本真通过研究呈现出来。

当我们站在今天来回望过去，历史与现实从来都是存在着因果关联的，有什么样的过去，就有什么样的现在与未来，也必然孕育和滋养着现状，为何有开阔的视野？为何有宽容的胸怀？为何有茁壮的生机？为何有勃发的生命力？

所以我们要对历史进行一种全面的追溯与回望，以最大限度消除对历史认知的盲点，避免把西关文化过于世俗、过于市井化。

在一个融合的移民城市里，文化同中存异、异中求同已是常态，如是，更要讲究建构文化共同体，达成文化共识，更需要有城市独特的精神和家园感，成为我们共同的归属——这就是人与城市的命运共同体的关系。文化自信与文化传播，就是在多元文化的共存中，成为从容的又是充满力量的沟通与引领。所谓的文明对话，就是在各种不同的文化河流中成为充满自信的，又是宽容大度的摆渡者。

《文化的原乡》全书有几个研究关注的板块，一是对西关文化的历史积淀作出新的价值认定，比如关于千年商都的广州形象，既包括物质形象，包括精神形象，也包括社会形象，即以风俗民情构筑的广州特色。显然，关于广州商都特色的代表区域，就离不开对西关文化的解读。二是对西关文化在城市发展的现代化进程中的作用作出新的判断，一座城市的乡关所在，也恰是时间流变中的历史留影，而一座城市的生活方式，也恰是其城市的格调与趣味所在，构成了独具一格的生活情趣。如是，一座城市的多元共存、中西融汇，既注释着城市具有的人文胸怀，也注释着城市所拥有的特质繁富。三是对西关文化如何成就与成全广州城市文化积淀的底蕴与特色进行确证与评估。所有城市的发展与扩张，都面临着传承与创新的问题，传统的存在本身就包括在不断发展的过程里，传与承、创与新，就是时间和空间共同进化沉淀繁衍的结果。四是对西关文化的传承关乎如何把有价值的有代表性的广州传统带到未来的意义作出阐释。把有价值的传统带到未来，是现代化发展的必由之路，也是文化积累的必由之路。西关文化有着独具一格的文化发展的传统谱系，追溯历史，源远流长，回顾现实，基因不变。五是对西关文化重做梳理，融入新的城市发展理念进行总结。致力于创新文化发展格局的思路，确认文化传播效应的取向。激浊扬清、推陈出新才是传承发展的硬道理。六是对西关文化开启“粤味生活”“粤式审美”的全新判断，进行文化定位与价值的评估。毕竟，这是广州生活方式的影响力、辐射力与示范样本的来源，是生活方式的建构与输出的起源，共同构成了西关品牌——广州特色——广州魅力的传承链接。

在荔湾区文联组织的、由区各相关部门参与的撰写论证会上，汇集了很多极富启发价值的建议，既有对荔湾作为一个城区的历史研究体系的系统性梳理，让它的肌理与框架更为突显，才能更好地夯实家园感的内容。要充分借助机遇，把商贸文化作为荔湾城区文化的支撑，对其商贸文化及其传播影响有效地解读，才能更好地为粤港澳大湾区中的荔湾定位。也有对作为千年商都，具有向海而生的岭南精神的广州的认知，同样也是西关文化的独特价值，它不仅重塑着岭南的性格，也是西关商业文化的根与底蕴所在，不同历史时段遗传的名园、公园等园林，都在以不同的方式烙刻着西关文化的城市价值。这样的历史梳理不仅是廓清文化概念的轻重含量，也在用丰厚的底蕴和积累做着标注。众人合力，文化共识才会顺理成章。

感谢荔湾区委、区政府和荔湾区文联的信任，尤其是荔湾区委书记陈小华、原副区长莫伟琼与荔湾区文联主席葛华亲力亲为的支持，加上区委常委李黎的鼓励，合力推动了这一项具有建构意义的研究工作的开展与完成，更感谢荔湾区这片文化的沃土，这块成为广州城市文化源头的区域，促进了我们对广州城市文化研究的专业积累以及专业追求的提升。

追根溯源式的探求，是本书的初心，就是为了去把握广州这座城市与西关这片区域的互生关系、共生关系，不是扁平化的浮光掠影，不是蜻蜓点水，更不是哗众取宠，而是为了更有效地更有自信地去把握，广州这座城市与西关文化的本质关系，两者之间的关联与真相，如何成为广州城市的文化内核与商业维度，又是以怎样的传承与传播效应，成全着广州成为一座不断生长的超大城市，西关成为广州城市记忆的代言与标识。

此专著原有一个副标题——广州城市文化与西关文化的关系研究，这正是本书的研究与写作所致力并努力达成的心愿与目的。

评论：

守望文化的原乡

温朝霞

文化是历史的沉淀，研究和书写一个地方的历史文化，离不开地方的起源和回溯，也因此，“怀乡”一直是中华文化的叙事母题。这种原乡精神也是岭南文化历来的重要气质，是广州文化里浓郁的本土情怀。

广州别称“羊城”“穗城”，源自古代“五羊衔谷，萃于楚庭”的美丽传说。这个传说寓意着广州具有“耕耘”“进取”“丰收”“富庶”等属于“领头羊”的文化基因。在漫长的岁月中，岭南南越文化与中原文化在自古以来被称为“羊城”的这片依山傍海的沃土上相互碰撞、交融，历千百年风霜，经一代又一代广州人筚路蓝缕、披荆斩棘，孕育了一个欣欣向荣、生机勃勃的美丽花城，造就了源远流长、厚重淡定、人杰地灵的文化名城。

有人说，家乡是目前的居住地，故乡是曾经的居住地，原乡则是祖先居住过的地方。对于具有建城2200多年悠久历史的广州来说，无论是从岭南文化、广府文化还是珠江文化等地域文化的视角来审视，她都是当之无愧的精神原乡。古越人和南迁的中原移民在这里融合而成广府民系，自秦汉后，她一直是岭南的政治、经济、文化中心，历史上文风昌盛，文人荟萃，文气精妙，文化遗产丰厚，并反映在改革开放所取得的经济社会成就中，形成了贯穿古今、融汇中西、具有鲜明地域特色和时代风貌的城市文化。正是基于对历史和现实的考量，《粤港澳大湾区发展规划纲要》明确提出广州“建设岭南文化中心和对外文化交流门户”，这个定位是大湾区其他城市没有的，可以说广州是粤港澳大湾区独一无二的品牌文化中心。

广州是岭南文化、广府文化的精神原乡，那么，广州文化的原乡又在哪里？在历史中叩问与追溯，在现实中思考与探寻，我们看到，在广州本土作家、文化学者梁凤莲女士的笔下，最能体现广府民系市井风情的，是广州那些具有历史感的文化符号：“一湾溪水绿，两岸荔枝红”的千年名胜荔枝湾；古老而精致的西关大屋；中西合璧的骑楼；长长的麻石板路；精美的雕花与趟栊；悠扬的粤剧粤曲；热闹的茶楼；精巧的广式点心；清淡鲜嫩的粤菜；靓丽的花市；繁华的十三行；美丽的西关小姐……这些数不胜数的文化符号和文化记忆，都可以在荔湾（西关）的文化容器里找到。所有的文化都是人创造的，我们的祖先在这里躬身劳作，创造了富足、多彩、美丽、丰饶的荔湾——这里“既是旧时官苑地，也是繁华生意场；既有渔樵耕读的田园风光，也有丰衣足食的欢乐时光，从千年羊城内满溢出来的排场，加上广州人天性中的勤劳肯干，与珠江口顺流逆流都通畅的交通，混合在十里花田的基调上，这就是西关的风味，这就是荔湾故乡的荣光”。也因此，平民性、开放性、包容性成为西关文化、广州文化的特点。

“因为热爱，所以言说。”作为广州土生土长的作家，梁凤莲一直用最深厚的感情来抒写养育她成长的这片热土，用最嘹亮的歌声来歌唱这个美丽的家园与故乡。她一直强调“扎根岭南，本土言说”，多年来笔耕不辍，写下了无数讴歌广州风物的文学作品，她在小说《巷变》《西关小姐》《东山大少》《羊城烟雨》中，书写了开放兼容的广州城市文化和岭南文化精神，生动展现了广州的风土人情，描写了感性、具有自我特点的岭南人物。作为文学博士和文化学者，她又坚持聚焦岭南文化和广州文化，写下了《容度之间——岭南文化与文学的内省和互证》《城市的拼图——广州市各区品牌文化研究》《百年城变》等多部著作，用文化研究追问城市真相。如今，这部《文化的原乡》再次凝结了她对广州的热爱、思考与原乡情结，以回顾和追溯荔湾文化数百年的发展轨迹为切入点，凝聚广州文化的集体记忆和共识，构建岭南文化共同体。

梁凤莲说：“广州值得我永远书写和研究。”这里体现了她作为作家与学者，对故乡、亲人、土地的赤诚与热爱。她在这本书的开头，引用了荷尔德林的名言“请赐我们以双翼，让我们满怀赤诚，返回故乡”，让我想起了海德格尔在《荷尔德林诗的阐释》中说过一段经典的话：诗人的天职是返乡，唯通过返乡，故乡才作为达乎本源的切近国度而得到准备。梁凤莲认为荔湾文化的原乡精神在于有价值的传承，把过去有价值的传统和美好的生活方式带到现在和未来，带来了文化认同。梁凤莲的“返乡”，是试图通过书写返回到记忆中美好的故乡，返回到历史文化深处的精神原乡，她的写作实际上是在表达她对广州优秀传统文化的深情守望与建设美好家园的真挚愿望。

诗人艾青曾写道：“假如我是一只鸟，我也应该用嘶哑的喉咙歌唱：这被暴风雨所打击着的土地……为什么我的眼里常含泪水？因为我对这土地爱得深沉……”所有爱乡、怀乡的情感都是相通的，守望文化原乡的意义，就在于守望优秀的传统文化，守望我们精神的家园，而不要忘记来时的路，不要忘记为什么出发。对于梁凤莲、对于所有在广州生活和工作的广州人来说，美好的广州，有人情味的广州，不断前进的广州，值得我们用心去守望与建设。这也应该是热爱广州的文艺工作者、学者书写和研究广州的意义所在。

温朝霞

中共广州市委党校（广州行政学院）教授、校刊部副主任、博士
广东省精神文明学会副会长
广州市文艺评论家协会副主席
广东财经大学客座教授
广州大学广府文化研究中心特聘研究员